交通运输网络
可靠性选址研究

范宏强　员丽芬　著

中国建筑工业出版社

图书在版编目（CIP）数据

交通运输网络可靠性选址研究／范宏强，员丽芬著．—北京：中国建筑工业出版社，2019.7
ISBN 978-7-112-23803-3

Ⅰ.①交⋯ Ⅱ.①范⋯ ②员⋯ Ⅲ.①交通运输网－选址－研究 Ⅳ.①U113

中国版本图书馆CIP数据核字（2019）第106335号

责任编辑：李玲洁
责任校对：李欣慰

交通运输网络可靠性选址研究

范宏强　员丽芬　著

*

中国建筑工业出版社出版、发行（北京海淀三里河路9号）
各地新华书店、建筑书店经销
北京锋尚制版有限公司制版
北京市密东印刷有限公司印刷

*

开本：787×1092毫米　1/16　印张：8¼　字数：180千字
2019年7月第一版　　2019年7月第一次印刷
定价：38.00元
ISBN 978-7-112-23803-3
（34102）

前　言

　　网络设施选址问题一直是各行各业所必须解决的问题，属于系统网络的顶层设计决策，例如：交通网络系统、物流网络系统、医疗急救网络系统和通信网络系统等。网络设施选址方案的优劣直接影响着企业的投资收益、产品或服务的成本及效率，由于设施建设是一项投资巨大的工程，一旦投入使用将长期影响系统的运营，任何不合理的设施选址方案都将会给系统造成巨大的损失。近年来，诸多学者在设施选址问题的研究中取得了丰富的成果，但是仍存在着一些研究空白，简化或者忽略了一些因素的影响，如：设施的可靠性、设施之间的独立性和关联性、信息的可获得性等。本书在总结现有研究成果基础上，重点介绍了笔者近年来的研究成果。

　　本书的结构如下：第1章作为全书的绪论，阐述了全书的研究背景现状及面临的主要问题，从不同角度介绍了网络设施选址问题的研究成果；第2章阐述了基于有限信息的可靠性选址模型；第3章阐述了求解网络设施选址模型的相关算法，尤其是拉格朗日松弛算法；第4章通过案例分析验证了模型和算法的高效性和适用性；第5章阐述了考虑到点依赖的有限信息可靠性选址模型，并利用数据分析验证了模型的科学性和实用性；第6章对本书的研究成果进行了简要总结，并指出需要进一步完善和深入研究的问题。本书第1、3、4章由范宏强撰写，第2、5、6章由员丽芬撰写。

　　感谢南佛罗里达大学的李小鹏副教授多年来在学术上给予的倾力指导和巨大帮助。感谢北京交通大学王喜富教授和秦勇教授在学术上的有益探讨和支持。感谢北京邮电大学现代邮政学院和北京交通大学交通运输学院为笔者提供的良好科研环境。感谢中国建筑工业出版社的编辑为本书的撰写和出版提供的帮助。

　　本书有关科研工作的完成得到了国家自然科学基金（71601014）和中央高校基本科研业务费专项资金（2018RC38）的大力资助，谨在此一并致谢。

　　由于笔者水平有限，书中难免存在疏漏之处，欢迎广大读者批评指正。

目　录

1 绪论

2 有限信息下的可靠性选址模型——IR-UFL模型

3 IR-UFL模型的求解

4 IR-UFL模型的案例分析

5 考虑到点依赖损坏概率的有限信息可靠性选址模型

6 结论与展望

1 绪论

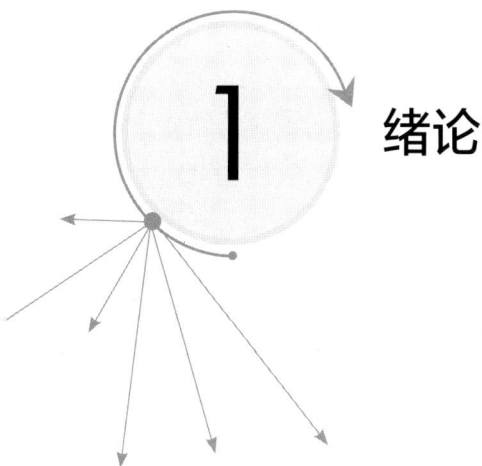

传统网络设施选址问题，是指在一定服务区域内，通过合理选择节点的建设位置，以最优的系统总成本满足该区域内顾客需求；随着研究深入，人们意识到系统可靠性的重要性，考虑到节点失效的可靠性选址模型逐渐成为当前网络选址研究的热点问题。同一服务区域内，节点失效时信息网络同步失效或滞后的情景时有发生，会对顾客的服务设施和路径选择产生极大的影响，在高度关联的交通运输网络内表现尤为显著。

交通运输网络作为典型的复杂网络，具有高度耦合性和交互性，一旦发生节点失效，不仅影响当事区域，还会衍生信息网络的局部失效或滞后，随后波及整个交通运输网络。即使在信息技术高度发达的现今社会，该现象仍然严重制约着交通运输网络的可靠性和鲁棒性。本章将从多角度描述本书的研究背景及意义，总结现阶段国内外研究现状，从而为下文研究提供理论依据，奠定现实基础。

1.1 研究背景及意义

网络节点选址是网络系统规划中一项重要的战略决策，面临多种不确定因素，这些因素不仅影响费用、需求以及产能，还会直接影响节点运行，进而影响整个网络运营。

近年来自然灾害频发，如2008年的汶川地震，2012年北京特大暴雨，2015年第13号台风"苏迪罗"等，除了不可抗拒的自然灾害外，人为灾害也频频亮相，如2008年西藏打砸抢烧事件，2011年甬温线铁路交通事故，2015年天津爆炸事件等。这些案例中自然或人为灾害不仅导致了人员伤亡，还使部分基础节点遭到严重损坏，进而影响到整个网络的有效运行，产生了巨大的经济损失：以天津爆炸事件为例，该事故造成165人遇难，直接经济损失高达68.66亿元，间接损失更是难以估计。

类似的现象在现实生活中屡见不鲜：2002年，美国发生了多条主要货运供应链瘫痪事件，起因是美国西海岸港口发生了中等规模的罢工事件；2011年日本福岛核泄漏事件造成了极其恶劣的国际影响，经济损失和后续伤害不计其数，但核查后发现，最初的海啸和地震灾害并没有直接摧毁核电站相关设施，而是摧毁了部分当地电力供应设施，间接引发核反应堆冷却系统失效，最终导致核泄漏事件；2012年印度发生了大规模停电事件，覆盖了一半以上的印度国土，其起因主要是由于印度北方邦境内一座超高压变电站出现问题，导致部分输电线路和变电站超过负荷运行，随后发生连锁反应，最终导致整个北部电网崩溃，随之引起城市交通瘫痪、铁路停运、银行系统崩溃等一系列的负面影响，受灾人数更是高达6亿人，造成的间接经济损失难以估量。

这些案例中的网络节点、基础设施表面上看起来是独立运行的，但彼此之间却存在着潜在的关联，某个节点、设施的失效会在时间、空间维度上进行扩散，进而影响到其他节点、设施的运行状态，如果此时信息网也因受到影响而处于失效状态时，会显著加速节点、设施失效传播的速度和广度，放大网络的脆弱性和易损性。

通常情况下，网络内需要寻求服务的"顾客"通过信息网络能够获知节点、设施的实时信息，但当自然或人为灾害造成信息网络失效或者信息网络本身通达性较差时，"顾客"无法获知设施的实时工作状态。对网络中节点、设施的信息有所了解，但缺乏实时状态信息的情况，我们称之为"有限信息情景"。有限信息情景在现实生活中比比皆是：当人们打算寻找ATM设备办理银行业务时，通常只知道设备空间位置而无法获知其能否正常工作，直到实际抵达该ATM设备，才能确定其状态是工作还是故障；对于加油站、零售店、医院等节点同样存在类似的情况。

尽管现实中类似的案例层出不穷，但对信息缺失下存在设施失效传播现象的科学认知却十分有限，由此会造成网络设施选址方案缺乏弹性，当面临设施损坏时会造成巨大的经济损失。如何设计合理的网络设施选址方案，尤其是在信息缺失和设施失效传播的情况下如何提高网络的可靠性，是摆在我国科研工作者面前必须解决的问题。

通过对信息缺失以及设施失效传播的情景下网络设施选址特性进行分析，研究相互关联、空间共存的设施之间失效的传播机理，探寻控制网络可靠性的运营方法和管理策略，并对其实施的效果进行量化评价，是增强网络的可靠性和弹性以及预测并减弱设施失效传播的风险最有效、最直接的方法之一。

此外，决策者在进行设施选址时还会考虑设施的能力，如：电力网络设施负载能力、医院节点承载病人能力等，该约束会对设施、节点的选址以及"顾客"的分配产生重要的影响。因此针对网络设施选址问题，掌握多种情景下网络设施选址的内在特性，如信息缺失、失效传播机制以及能力约束等特性，构建能够描述网络设施选址特性的网络设计框架，并在此基础上对网络运营进行组织优化和管理，不仅弥补了可靠性选址优化理论中相应的研究薄弱点，而且为决策者进行设施规划、设计和控制管理提供了科学依据，具有较大的社会经济效益。此外，该研究成果还具有一定的普适性，可以适用于交通网络、通信网络、电力网络等复杂网络，为解决不同应用领域中的复杂网络问题提供有效的分析工具，丰富现阶段的网络理论知识体系，具有一定的学术研究意义。

交通运输网络的可靠性选址布局研究也得到了我国政府的大力支持：国办发〔2018〕1号《国务院办公厅关于推进电子商务与快递物流协同发展的意见》指出：加强基础设施网络建设，包括完善优化快递物流网络布局，加强快件处理中心、航空及陆运集散中心和基层网点等网络节点建设，构建层级合理、规模适当、匹配需求的电子商务快递物流网络；加快社区、高等院校、商务中心、地铁站周边等末端节点布局。

综上所述，交通运输网络设施、节点的可靠性选址研究在我国方兴未艾，从设计阶段就科学合理地加强交通运输网络的布局、建设及管理，是提升人民群众生活品质、提高政府基本公共服务水平、降本增效的必然要求，是加强交通运输领域供给侧改革的必要条件，是构建资源节约型、环境友好型社会的战略选择。

1.2 文献综述

选址问题是一个十分经典的数学组合优化问题。最早是1909年德国学者Weber[1]针对工业设施选址问题（Weber问题）开展的研究，其目的是使单个仓库到不同客户总距离最短。经过了近50年的缓慢发展，Hakimi[2,3]于1964和1965年首次提出了网络中的设施选址问题，随后该研究成果被广泛应用于不同行业网络的设施选址问题中，如消防站、避难中心、服务中心、通信中心以及物流中心等。Daskin[4]和Drezner[5]于1995年分别发表专著总结了网络离散设施选址问题的模型、算法以及应用中的研究成果。

随着社会的发展和科技的进步，选址问题的研究仍保持着快速发展，涌现出了许多针对不同实际问题的选址模型。这些设施选址问题根据优化目标函数的不同大体可以分为P-中位问题（P-median Problems）、P-中心问题（P-center Problems）、覆盖问题（Covering Problems）、固定费用设施选址问题（Fixed-charge Facility Location Problems）。本节也将从这几个方面介绍相关研究成果。

1.2.1 P-中位选址问题

P-中位问题是由Hakimi[2]最先提出的网络设施选址问题。该问题是研究在建设设施数目确定的情况下，如何选择P个设施的最优位置用于最小化所有需求点到其最近设施的距离之和。之后，Revelle和Swain[6]将P-中位问题表示为线性整数规划模型并采用分支定界求解该问题。一般的P-中位问题采用如下的公式来表示。

决策变量为：

$$x_j = \begin{cases} 1, \text{在候选位置} j \text{处建设一个设施} \\ 0, \text{在候选位置} j \text{处不建设设施} \end{cases} \quad (1-1)$$

$$y_{ij} = \begin{cases} 1, \text{点} i \text{处的需求被点} j \text{处的设施服务} \\ 0, \text{点} i \text{处的需求未被点} j \text{处的设施服务} \end{cases} \quad (1-2)$$

目标函数为：

$$\min \sum_{i \in I} \sum_{j \in J} h_i d_{ij} y_{ij} \quad (1-3)$$

约束条件为：

$$\sum_{j \in J} \sum y_{ij} = 1, \forall i \in I \quad (1-4)$$

$$\sum_{j \in J} \sum x_j = P \quad (1-5)$$

$$y_{ij} - x_j \leqslant 0, \forall i \in I, j \in J \quad (1-6)$$

$$x_j \in \{0,1\}, \forall j \in J \quad (1-7)$$

$$y_{ij} \in \{0,1\}, \forall i \in I, j \in J \quad (1-8)$$

其中h_i表示在点i处的需求；d_{ij}表示点i与点j之间的距离；P表示设施建设的数目；I表示需求点集合；J表示备选设施点集合。

在一般P-中位问题的基础上，学者们根据具体研究问题的不同进行了各种各样的拓展，丰富了P-中位问题的研究成果。Berlin等[7]研究了两个P-中位问题用于医院和救护车的选址问题。Hakimi[8]针对当已经存在若干个设施时，如何建设新的同类竞争设施的问题，提出了相应的P-中位问题。Church[9]针对公共设施的区域属性，提出了区域限制下的P-中位问题。Canos等[10, 11]基于模糊的概念提出了模糊的P-中位问题，并设计了相应的求解算法，该模型结果可以为决策者获得更低费用的选址方案。Sasaki等[12]将中心辐射式航空公式系统的机场枢纽问题看做是P-中位问题，提出了相应设施选址模型，并基于分支定界和贪婪算法设计了求解算法，通过美国25个城市间的航线实例验证了该模型和算法在求解小规模问题上的有效性。Ghiani等[13]提出了一种有能力约束的设施选址问题，在该P-中位问题中同一个备选点处可以建设多个设施，并定制了相应的拉格朗日松弛算法进行求解。Wang等[14]研究了有预算约束的P-中位设施选址问题，与此同时还考虑了在设施总数不变的情况下新建设施和拆除既有设施，针对该问题设计三个启发式算法，通过算例对模型和算法的性能进行了分析。

随后学者对此进行了进一步的扩展：Perez等[15]基于模糊网络提出了相应的P-中位问题，

与Canos等[10, 11]的研究相比，该文章的研究更具有普遍性。Berry等[16]针对城市供水系统的检测器布局问题，提出了混合整数规划的P-中位问题。Jia等[17]提出了大规模紧急医疗服务设施选址的P-中位问题，通过Los Angeles地区的大规模紧急设施选址实例与传统的P-中位问题进行了对比。Berman和Drezner[18]提出了考虑不确定性的P-中位问题，即在对P个设施选址的基础上未来有可能增加q个设施选址的问题。Tadei等[19]研究了在费用的概率分布未知的情况下随机的P-中位问题。Elloumi[20]针对一般的P-中位问题提出了更加紧凑的P-中位问题表达式，新的P-中位问题模型求解的效率更高。Berman和Wang[21]研究了考虑离散概率需求权重的网络P-中位问题，并设计了相应的启发式算法进行求解，基于数值算例说明了该模型的应用范围。Nikoofal和Sadjadi[22]针对网络边的长度不确定的P-中位问题提出一个鲁棒优化模型，并对模型的性能进行了探讨。

上述的这些关于P-中位问题的研究可以称为是经典的P-中位问题，这些研究都假设设施一旦建立就不会出现损坏或者故障的情形。但是在实际的社会中，由于各种各样的自然灾害或者人为因素，设施的运转时时刻刻都面临着损坏的风险。因此，关于可靠性问题的研究也引起了许多学者的兴趣。

Drezner[23]于1987年首先提出了对考虑设施不可靠情况的P-中位问题，并设计了相应的算法。Snyder和Daskin[24]研究了部分设施存在损坏可能性的P-中位问题，在该问题中设施的损坏概率是相同且独立的，而且顾客无法获得服务时会产生一定的费用。采用拉格朗日松弛算法对该问题进行了求解，通过实例分析了模型与算法的性能。Berman等[25]同样研究了设施存在损坏可能性的P-中位问题，但是在该问题中设施损坏概率是不相同的，而且不与选址位置相关，并提出了改进的贪婪算法求解P-中位问题，研究结果表明设施损坏概率严重影响设施的布局，促使设施的分布更加集中化。Berman等[26]研究了在顾客无法获知设施状态的情况下设施存在损坏可能性的P-中位问题，在该问题中顾客需要依次访问距离他最近的设施以寻求未损坏设施获得服务。Li等[27]研究了设施存在损坏可能性的P-中位问题，在该问题中设施的损坏概率是相互独立且不同的；仅考虑了提供一个备用设施；在有限的预算下设施是可以被强化为不损坏的。Berman等[28]研究了在设施损坏概率相关以及顾客能否获得设施工作状态的情况下的P-中位问题。An等[29]针对可靠的P-中位设施选址问题提出了两阶段鲁棒优化模型以及相应的求解算法，研究结果表明需求的变化对网络的结构具有明显的影响。Albareda-Sambola等[30]研究了在顾客无法获知设施状态的情况下，设施存在损坏可能性的P-中位问题，与Berman[26]的假设不同的是该研究中顾客从系统最优的角度分配设施的访问次序而不是每一步都访问最近的设施。

早在1979年Garey和Johnson[31]就证明了P-中位问题是一个NP-Hard的问题，因此这类问题很难获得精确解，通常需要根据研究问题的不同设计合适的启发式算法进行求解。Rolland等[32]提出了一种高效的禁忌搜索算法用于求解规模较大的一般P-中位问题。Hribar 和Daskin[33]

提出了一个启发式的动态规划算法用于求解一般P-中位问题，该算法的优势在于可以提供多个比较好的选址方案便于决策者对于选址方案进行评估；当选址设施数量降低时，也能同时获得新的选址方案。Lee[34]针对设施不可靠的P-中位问题，提出了一个新的基于Drezner[23]研究的有效的启发式求解算法。Baldacci[35]针对有能力约束的P-中位问题，提出了基于集合分割法的精确求解算法。Alp等[36]提出一个新的遗传算法用于求解P-中位问题，通过算例验证了该算法可以有效地求解不同规模的P-中位设施选址问题。Resende和Werneck[37]首先提出一个混合启发式算法用于求解P-中位问题，在此基础上进一步提出了一个多点搜索的混合启发式算法[38]。Lorena和Senne[39]针对有能力约束的P-中位问题，在整合了经典列生成和拉格朗日松弛算法的基础上提出了一种新的列生成启发式算法用于求解该设施选址问题。Li等[40]针对P-中位问题提出了一个初始化策略用于加强遗传算法的求解性能。Avella等[41]提出了一个聚合的启发式算法用于求解大规模的P-中位问题。Brimberg和Drezner[42]提出了一种求解平面上连续P-中位问题的新局部搜索算法。之后Drezner等[43]针对P-中位问题又提出了四种启发式算法，分别为基本的变邻域搜索算法采用强力的局部搜索、改进的变邻域搜索算法、基于产生子代的高效融合过程的遗传算法以及混合算法（遗传算法的结果应用于改进的变邻域搜索算法），研究结果表明混合算法的求解结果最好。

1.2.2　P-中心选址问题

与P-中位问题的研究目标不同，P-中心问题是研究如何选择P个设施的最优位置使需求点到距离其最近设施的最大距离最小化，该问题是由Hakimi[2]首先提出的，也可以称为Minmax问题。一般的P-中心问题的数学表达式如下。

决策变量为：

$$x_j = \begin{cases} 1, \text{在候选位置} j \text{处建设一个设施} \\ 0, \text{在候选位置} j \text{处不建设设施} \end{cases} \tag{1-9}$$

$$y_{ij} = \begin{cases} 1, \text{点} i \text{处的需求被点} j \text{处的设施服务} \\ 0, \text{点} i \text{处的需求未被点} j \text{处的设施服务} \end{cases} \tag{1-10}$$

目标函数为：

$$\min D \tag{1-11}$$

约束条件为：

$$D - \sum_{j \in J} h_i d_{ij} y_{ij} \geqslant 0, \forall i \in I \tag{1-12}$$

$$\sum_{j \in J} y_{ij} = 1, \forall i \in I \tag{1-13}$$

$$y_{ij} - x_j \leqslant 0, \forall i \in I, j \in J \tag{1-14}$$

$$\sum_{j \in J} x_j = P \qquad\qquad (1-15)$$

$$x_j \in \{0, 1\}, \forall j \in J \qquad\qquad (1-16)$$

$$y_{ij} \in \{0, 1\}, \forall i \in I, j \in J \qquad\qquad (1-17)$$

其中h_i表示在点i处的需求；d_{ij}表示点i与点j之间的距离；P表示设施建设的数目；$D = \max_{i \in I} \min_{j \in J} h_i d_{ij}$；$I$表示需求点集合；$J$表示备选设施点集合。

Garfinkel等[44]针对应急设施在道路网中P-中心选址问题，研究了P-中心问题的基本性质，提出了该问题的整数规划模型和求解算法。Revelle和Hogan[45]提出一个紧急设施选址的P-中心问题，在紧急设施服务的可靠度为α，在该问题中通过系统拥堵和服务的繁忙概率来约束系统服务可靠性等级。Hochbaum和Pathria[46]研究了两种广义的P-中心问题："Set" P-中心问题和 "Pair" P-中心问题，对这两种问题设计了近似的求解算法。Bhatia等[47]研究了设施之间距离存在动态变化时P-中心问题，该问题常见于城市的道路网络中，由于交通拥堵造成道路上的时间动态变化，采用近似的算法对该问题进行求解并获得了较好的结果。Khuller和Sussmann[48]研究了有能力约束的P-中心问题，并提供了多项式算法对该问题进行求解。Tamir[49]提出了P-设施K-中心的选址模型，该模型通过设置不同K值可以转化为P-中位问题和P-中心问题，并提出了多项式时间算法对该模型进行求解。Burkard和Dollahi[50]研究了存在正负权重的网络设施选址的P-中心问题。

Elloumi等[51]提出了一个新的线性整数规划来表示P-中心问题，并设计了相应的算法求解该整数规划。Lim等[52]提出一个扩展的P-中心问题，在该设施选址问题中每个中心都必须服务一定量的顾客，采用近似算法对该问题进行了求解。Jia等[17]提出了大规模紧急医疗服务设施选址的P-中心问题，通过Los Angeles地区的大规模紧急设施选址实例与传统的P-中心问题进行了对比。Berman和Drezner[53]提出了一个新的P-中心问题的公式，该公式可以获得更好的结果。Contreras等[54]在考虑了存在预算限制的情况下针对中心设施选址和网络设计问题，提出了两个混合整数规划模型，其目标是需求点到所分配设施点的最大时间最小化。该问题是一种一般化的P-中心问题，采用一些有效的不等式用于加强线性规划松弛边界降低枚举数，通过数值算例验证了该模型的求解时间效率。Lu和Sheu[55]提出一个鲁棒顶点P-中心模型，该模型主要解决旅行时间不确定的紧急救援中心选址问题。由于该问题是一个NP-hard问题，因此需要构建一个启发式算法对该模型进行求解获得鲁棒的最优解。

之后，Lu[56]提出了鲁棒权重顶点的P-中心（RWVPC）模型，在该模型中顶点的权重和边的长度是不确定的。Calik和Tansel[57]在回顾P-中心问题研究成果基础上，提出一个新的整数规划模型并提出了一个名为双边界的方法求解该模型，研究结果表明该模型和算法可以求解的网络点数高达3038个，远远大于之前研究的1811个点的网络。Martinez-Merino等[58]针对顾客需求是随机的概率P-中心选址问题提出了不同的公式，并设计了变邻域搜索的启发式算法，通过算例研究不同公式和算法的性能。

Drezner[23]于1987年首先提出了设施存在损坏可能性的P-中心问题，并设计了相应的算法。Huang等[59]研究了由于大规模紧急事件等原因造成设施存在无法工作可能性时的P-中心设施选址问题，采用动态规划算法求解了路径网络中的设施选址问题并提出了一个有效的算法优化一般网络中的设施选址问题。Berman等[28]研究了设施不可靠且设施失效相互关联的P-中心问题，通过算例分析了失效概率及相关性、信息可获得性以及问题目标对最优设施布局影响。Albareda-Sambola等[60]提出了一个P-next中心问题，其目标是最小化顾客访问备用设施的最大费用。在该问题中，设施是存在损坏的可能性的且顾客只有在访问了其最近设施才能确定该设施是否工作。当顾客的最近设施损坏时，该顾客将会前往备用设施获取服务。Espejo等[61]提出一个有能力约束的P-中心问题，在该问题中考虑了设施存在损坏的可能性，通过对固定变量的预处理以及有效的不等式用于获得更好的求解时间。

Kariv和Hakimi[62]证明了P-中心问题是NP-Complete问题。因此P-中心问题非常难以求解，需要合适算法进行求解。Bespamyatnikh等[63]提出了一个有效的算法用于求解在圆弧图中的P-中心问题。Mladenovic等[64]针对不存在三角不等式的P-中心问题，分别提出了两种禁忌搜索算法和一个基本的变邻域搜索算法，采用大规模选址算例对各种启发式算法进行了对比。Caruso等[65]提出了一个名为"Dominant"新的算法用于求解P-中心问题，采用大量的实例对算法的求解性能进行了测试。Scaparra等[66]调查研究了大规模局部搜索算法在有能力约束的P-中心问题。Pacheco和Casado[67]基于分散搜索方法提出一个启发式算法用于求解著名的P-中心问题，通过实际的算例验证了该算法的效率和求解精度，不足之处是只能求解设施建设数目小于10的选址问题。Ozsoy和Pinar[68]提出了一个精确的算法求解有能力约束的P-中心问题，数值算例表明该算法可以获得一个较好的结果。Cheng等[69]提出了一个改进的算法用于求解在区间图中的P-中心问题，即在网络中为p个设施选址用于满足n个需求点已达到需求点到最近设施的最大距离最小化的目的，该算法的时间复杂度为O(n)，优于未改进算法的时间复杂度O(pn)。

Pullan[70]提出了一个memetic遗传算法对P-中心问题进行求解，通过算例结果分析表明该算法的性能与其他精确或近似的算法性能是不相上下的。Chen等[71, 72]提出了一系列新的松弛算法用于对无能力约束和有条件约束的连续和离散的P-中心问题进行求解，通过算例验证了算法的有效性。Suzuki和Drezner[73]研究了满足区域内需求是连续的P-中心问题，并提出一个改进的有效的算法对该问题进行求解。Davoodi等[74]针对选址区域内存在限制区域的P-中心问题提出了一个Voronoi图的启发式算法，研究结果表明该算法有很大的概率获得全局最优解。Kaveh和Nasr[75]提出一个修订的harmony搜索算法用于求解有条件和无条件P-中心问题，该算法同样能应用于离散和连续的搜索平面的设施选址问题，通过求解ORLIB和TSP问题对该算法进行了测试，最后将该选址模型应用于解决城市的自行车站选址问题。

Elshaikh等[76]提出了一个变邻域搜索的启发式算法用于求解连续平面内的P-中心问题，通过实例验证了该算法的优越性。Elshaikh等[77]提出一个自适应的启发式算法，该算法融合了可变级别扰动、新的局部搜索和学习机制用于求解连续平面的P-中心问题。Mangla和Garg[78]提出了一个快速收敛算法用于求解非凸平面内的P-中心问题，研究结果表明该算法可以快速地收敛至最优设施位置。

1.2.3 覆盖选址问题

覆盖问题是另一个非常具有研究吸引力的设施选址问题，尤其是在服务和应急设施选址问题上的研究。Hakimi[3]最早阐述了覆盖问题，该问题的目标是最小化警察的数目用于覆盖高速公路网上的所有节点。之后Toregas等[79]提出了覆盖问题研究的第一个数学模型用于研究应急服务设施的选址问题。覆盖问题主要分为集覆盖问题（Set Covering Problem，简称SCP）、最大覆盖问题（Maximal Covering Location Problem，简称MCLP）和拓展覆盖问题，其中集覆盖问题和最大覆盖问题也称为经典覆盖问题。

（1）集覆盖问题研究

集覆盖问题是研究如何建立设施，使所有需求点都被设施覆盖的情况下，最小化选址成本或选址数量。该问题的数学表达式如下。

输入参数为：

$$a_{ij} = \begin{cases} 1, \text{需求点}i\text{与备选设施点}j\text{之间的距离小于}S \\ 0, \text{其他} \end{cases} \quad （1\text{-}18）$$

决策变量为：

$$x_j = \begin{cases} 1, \text{在候选位置}j\text{处建设一个设施} \\ 0, \text{在候选位置}j\text{处不建设设施} \end{cases} \quad （1\text{-}19）$$

目标函数为：

$$\min \sum_{j \in J} c_j x_j \quad （1\text{-}20）$$

约束条件为：

$$\sum_{j \in J} a_{ij} x_j \geqslant 1, \forall i \in I \quad （1\text{-}21）$$

$$x_j \in \{0,1\}, \forall j \in J \quad （1\text{-}22）$$

其中c_j表示在点i处的设施建设费用；S表示最大的可接受服务距离；I表示需求点集合；J表示备选设施点集合。该目标函数是最小化选址成本，如果替换目标函数则可转变为最小化选址数量。Vasko和Wilson[80]指出，从求解时间的角度来看求解最小化选址数量要难于求解最小化选址费用。

Bazaraa和Goode[81]研究了二次集覆盖问题，并设计了切平面算法求解该类问题。Current

和Storbeck[82]将设施有能力限制的约束条件添加到设施选址问题中，提出了Capacitated SCP模型。Gendreau等[83]针对旅行覆盖问题提出了一个线性整数规划模型，其目标是获得最小长度的Hamiltonian圈使得必须覆盖点与该圈的距离小于预先设定的值。Boffey和Narula[84]研究了线路覆盖问题，例如地铁和高速公路线路的选址问题，该问题也可以称做是最大人口的最短路径问题（Maximum Population Shortest Path，MPSP），其目标就是寻求最短的线路覆盖最大的人口。该文章提出一个2-MPSP模型并设计了两个Lagrangian算法对该问题进行了求解。Beraldi和Ruszczynski[85]提出了一个概率性的集覆盖问题，并提出了一种特殊的分支定界算法求解该问题。Saxena等[86]针对Beraldi[85]的概率性集覆盖问题提出了多个混合整数规划模型并设计了求解方法，该方法可以大大降低概率性集覆盖问题的求解时间。

Hwang[87]提出了一个随机的集覆盖问题，其目标是通过选择合适的设施选址方案使得每个需求点被覆盖的概率不小于预设值，采用0~1规划的方法对该问题进行了求解。Baron等[88]研究了随机需求和拥堵的集覆盖设施选址问题，该问题的目标是在以一定概率满足需求点的基础上最小化服务设施选址数量。为了研究SCP的不确定性，Hwang等[89]提出模糊的集覆盖问题，该问题的公式可以简化为线性整数规划问题。Murray等[90]提出了两种集覆盖模型：Location SCP-Implicit和Location SCP-Explicit。LSCP-Implicit模型假设每一个需求区域不仅可以被一个设施覆盖而且可以被多个设施所覆盖，每个覆盖的设施按比例分配需求量。LSCP-Explicit模型则考虑每个需求区域由一组可追踪的设施组合覆盖。

（2）最大覆盖问题研究

最大覆盖问题是研究如何建立一定数目的设施，用于在可接受服务距离内最大化覆盖的需求量，也可以称之为P-覆盖问题。最大覆盖问题是由Church和Revelle[91]提出，随后便被广泛应用于应急服务设施和公共服务设施的选址等多个领域中，其数学表达式如下。

输入参数为：

$$a_{ij} = \begin{cases} 1, 需求点i与备选设施j之间的距离小于S \\ 0, 其他 \end{cases} \quad (1-23)$$

决策变量为：

$$x_j = \begin{cases} 1, 在候选位置j处建设一个设施 \\ 0, 在候选位置j处不建设设施 \end{cases} \quad (1-24)$$

$$z_j = \begin{cases} 1, 需求点i被覆盖 \\ 0, 需求点i未被覆盖 \end{cases} \quad (1-25)$$

目标函数为：

$$\max \sum_{i \in I} h_i z_i \quad (1-26)$$

约束条件为：

$$z_i \leqslant \sum_{j \in J} a_{ij} x_j, \forall i \in I \quad (1-27)$$

$$\sum_{j \in J} x_j = P \qquad\qquad (1-28)$$

$$z_i \in \{0,1\}, \forall i \in I \qquad\qquad (1-29)$$

$$x_i \in \{0,1\}, \forall i \in J \qquad\qquad (1-30)$$

其中h_i表示在点i处的需求量；S表示最大的可接受服务距离；P表示设施建设的数量；I表示需求点集合；J表示备选设施点集合。

Current和Storbeck[82]将设施有能力限制的约束条件添加到设施选址问题中，不仅提出了Capacitated SCP模型，而且还提出了Capacitated MCLP模型。Revelle和Hogan[92]提出了一个概率的MCLP问题也称为最大可能的设施选址问题（MALP），该问题可以表示为0~1线性规划问题，其目标是试图对P个设施进行选址使得最大覆盖需求获得服务的概率为α。Current和Schilling[93]提出一个双目标路由问题，即最大覆盖巡回问题（MCTP），该问题两个目标函数分别是最小化巡回路径的长度以及最小化巡回路径未覆盖的总需求。Berman和Krass[94]提出一个普遍化的最大覆盖问题（GMCLP），在该问题中根据需求点到其最近设施距离的不同划分其被覆盖等级，该覆盖等级是0~1区间上的随距离增加的阶梯递减函数，其目标是最大化所有覆盖等级的需求量。Berman等[95]对GMCLP模型[94]进行了扩展提出一种逐渐覆盖模型。在该模型中存在两个临界距离值S_1和S_2，当需求点与最近设施的距离小于S_1时需求被完全覆盖；大于S_2时需求不覆盖；位于两者之间时需求根据距离不同被部分覆盖。Drezner等[96]同样提出一个逐渐覆盖模型，在该模型中根据设施覆盖距离的不同决定了需求费用，即小于最小覆盖距离时需求无费用，大于最大覆盖距离时需求有固定费用，位于之间时根据距离不同需求有不同的费用，其目标是选取合适设施位置最大化需求费用。Berman和Wang[97]提出了考虑需求权重随机的逐渐覆盖模型，该模型试图在网络中选取设施建设位置用于最小化最大未覆盖的需求量。

Alexandris和Giannikos[98]提出一个整数规划模型研究了需求是空间对象时局部覆盖问题。Murray等[90]提出了两种最大覆盖模型：MCLP-Implicit和MCLP-Explicit。MCLP-Implicit模型假设每一个需求区域不仅可以被一个设施覆盖而且可以被多个设施所覆盖，每个覆盖的设施按比例分配需求量。MCLP-Explicit模型则考虑每个需求区域由一组可追踪的设施组合覆盖。Drezner和Suzuki[99]提出一个平面内连续需求的覆盖问题，在该问题中连续需求形成一个凸多边形且设施的覆盖半径已经给定，其目标是寻求p个设施的位置用于覆盖最大的需求量。Oztekin等[100]针对医疗系统中财产追踪提出了RFID网络设计问题，在该问题中由于无法提供足够的设备，因此该问题的目标是寻求最优设备选址方案以获得最大的系统性能。在设计的服务覆盖网络时，为了使该网络在面对长期设施损坏的最差情景时具有鲁棒性，O'Hanley和Church等[101]提出了一个设施选址-禁用模型，其目标是最大化p设施的初始覆盖区域和最小覆盖级别当r个关键设施损坏时。该问题可以表示为混合整数规划问题和双层混合整数规划问题，并设计了相应的算法求解这两个问题。

（3）拓展覆盖问题研究

随着设施选址的覆盖模型在实际网络中的应用越来越广泛，学者们对设施选址覆盖问题的研究也越来越深入，在经典覆盖问题的基础上又提出了很多拓展覆盖问题。这些研究丰富了设施选址理论，使其更好地描述和解决不同的实际设施选址问题。

Moon和Chaudhry[102]提出反覆盖设施选址问题用于最大化设施选址数量使得任意两个设施之间的距离不小于预设值。Campbell[103]针对中心覆盖问题提出了一个整数规划模型，在该问题中任意一对中心覆盖一个OD对当且仅当从O到D的旅行时间小于预设值，其目标是最小化中心数覆盖所有的OD对，或当中心数固定时最大化覆盖的需求量。Ohsawa和Tamura[104]提出了一个半厌恶型设施选址覆盖问题，该问题包括两个目标分别为最大化最近居民到设施的距离和最小化最远用户到设施的距离，该研究专注于求解二维空间的设施选址问题并设计相应的算法进行求解获得有效的选址方案。Berman和Huang[105]提出了不受欢迎设施选址覆盖问题，该问题的目标是在保证任意两个设施之间的距离不小于预设值的前提下最小化设施覆盖的需求量，对比研究了采用不同数学公式和算法求解该问题。Berman等[106]研究了平面内的联合覆盖问题，即任意设施会发射一种信号，其强度依赖于传播的距离，每个需求点都会接收到不同设施传播过来的信号，当这些信号的强度之和达到一定的临界值时表明该需求点被覆盖。该文章中阐述了联合覆盖模型的结果要优于单一覆盖模型结果，并将该模型应用于警笛设施选址研究中。

由于自然灾害、恐怖袭击等原因，设施及其提供的服务会出现失效的情形，为此Church等[107]提出一个$r-interdiction$覆盖问题，该问题的目标是在所有的p设施选址方案中寻求关闭r个设施用于最大化被覆盖的需求量的减少值。Berman等[108]针对网络中防御性的最大覆盖问题提出一个leader-follower双层规划模型，leader的目标是如何放置p个设施使得设施覆盖的需求量最大，follower的目标是移除损害性最大的链接。

1.2.4　固定费用选址问题

在前面的研究中，设施建设的数量是固定的，例如P-中位问题、P-中心问题以及P-覆盖问题。只有集覆盖问题是个例外，该问题试图在覆盖所有需求的前提下最小化设施建设数量。但是这些设施选址问题都缺乏将设施的建设费用与网络的运行费用综合考虑。这个问题所造成的损失在公共设施或者设施建设和运营分属不同公司时并不严重。但是当设施的建设和运营隶属于同一家公司时，例如物流公司的物流中心，该问题则显得尤为重要。由此也就产生一类新的设施选址问题，该问题的目标是最小化设施的建设费用和运营费用，该类问题也称为固定费用设施选址问题（Fixed Charge Facility Location Problem）。Daskin[4]将该类问题分为了两大类，分别是无能力约束的固定费用设施选址问题（Uncapacitated Fixed Charge Facility Location Problem，简称UFLP）和有能力约束的固定费用设施选址问题（Capacitated Fixed Charge Facility Location Problem，简称

CFLP），并对这两类固定费用设施选址问题的模型、算法以及应用作了总结性的阐述。

（1）无能力约束的固定费用设施选址问题

一般的无能力约束的固定费用设施选址问题的数学模型如下。

决策变量为：

$$x_j = \begin{cases} 1, \text{在候选位置}j\text{处建设一个设施} \\ 0, \text{在候选位置}j\text{处不建设设施} \end{cases} \tag{1-31}$$

$$y_{ij} = \text{点}i\text{处被点}j\text{处的设施服务的需求比例} \tag{1-32}$$

目标函数为：

$$\min \sum_{j \in J} f_j x_j + \alpha \sum_{i \in I} \sum_{j \in J} h_i d_{ij} y_{ij} \tag{1-33}$$

约束条件为：

$$\sum_{j \in J} y_{ij} = 1, \forall i \in I \tag{1-34}$$

$$y_{ij} \leqslant x_j, \forall i \in I, j \in J \tag{1-35}$$

$$x_j \in \{0, 1\}, \forall j \in J \tag{1-36}$$

$$y_{ij} \geqslant 0, \forall i \in I, j \in J \tag{1-37}$$

其中f_j表示设施建设在备选点j处的费用；h_i表示在点i处的需求；d_{ij}表示点i与点j之间的距离；α表示单位需求旅行单位距离的费用；I表示需求点集合；J表示备选设施点集合。

Nozick和Turnquist[109]在UFLP问题的基础上针对物流网络设计引入了库存费用，构建了相应的数学模型并探讨了该模型的实例应用。Gourdin等[110]提出了一个考虑客户端无能力约束的设施选址模型，并设计了贪婪的启发式算法和分支定界算法对该模型进行求解，通过数值算例验证了该模型和算法的有效性。Wagner等[111]提出了考虑顾客需求是随机且相互关联的设施选址模型，并设计相应的求解算法。Cruz-Rivera和Ertel[112]针对汽车回收物流网络设计提出了相应的无能力约束的设施选址模型，采用软件SITATION对该模型进行了求解。Ghaderi和Jabalameli[113]提出了一个有预算约束的动态UFLP模型。Kratica等[114]提出一个混合整数线性规划模型用于描述多级无能力约束的设施选址问题。Huang和Di[115]探讨了顾客位置不确定时无能力约束的设施选址问题，并提出了一个混合的智能算法对该问题进行了求解。

Snyder和Daskin[24]在考虑设施存在失效可能性的基础上提出了可靠性设施选址模型，该模型假设设施的损坏概率独立且相等，并设计了定制的拉格朗日松弛算法对该模型进行了求解。Cui等[116]在Snyder[24]研究的基础上，假设设施的损坏概率依赖于设施位置且各不相同，分别提出了离散和连续的可靠性设施选址模型，同样采用定制的拉格朗日松弛算法对离散模型进行了求解。Li和Ouyang[117]提出了一个连续逼近的方法用于解决连续平面内的设施损坏概率存在相关性的可靠性设施选址问题。Li等[27]提出了一个设施存在损坏可能性的无能力约束的固定费用设施选址模型，在该模型中设施的损坏概率是相互独立且不同的；仅考虑了提供一个备用设施；在有限的预算下设施是可以被强化为不损坏的，采用定制的拉格朗日松弛算法对该模型进行了求解。Li等[118]提出了一个支撑模型用于解决设施损坏概率相互关联的可靠性设施选址问题。Xie等[119]在Li等[118]研究的基础上进行了扩展，进一步研究分析了设施损坏概率相互关联的一般模式，及负相关时的设施选址问题。Yun等[120]针对顾客无法获得设施状态的情形提出了设施可靠性选址模型，并定制了拉格朗日松弛算法对该模型进行求解，实例研究结果表明该算法可以有效地求解所提出的选址模型。

（2）有能力约束的固定费用设施选址问题

一般的有能力约束的固定费用设施选址问题的数学模型是在无能力约束模型的基础上增加了如下能力约束的条件，k_j表示如果设施建设在备选点j处的能力。

$$\sum_{i \in I} h_i y_{ij} \leqslant k_j x_j, \forall j \in J \qquad (1\text{-}38)$$

Melkote等[121]基于有能力约束的设施选址问题提出了一个混合整数规划模型用于联合的设施选址或网络设计。Ghiani等[13]探讨了多个设施可以建设在同一位置的有能力约束的工厂选址问题。Melo等[122]针对动态多商品有能力约束的设施选址问题提出一个相应的数学模型。Wu等[123]提出了一个考虑位置和设施安装费用的有能力约束的设施选址问题，在该问题中同一位置可以建立多个设施，构建了该问题的混合整数线性规划模型并设计了拉格朗日启发式算法对该模型进行了求解。Ozsen等[124]提出了一个考虑风险汇聚的有能力约束的仓库选址模型，其目标是最小化仓库建设费用、交通费用以及库存持有费用，提出了定制的拉格朗日松弛算法对该模型进行求解，结果表明该算法针对大规模选址问题可以在合理的时间内获得近似最优解。Mousavi等[125]提出一个考虑顾客需求量和位置均不确定的有能力约束的设施选址模型，并设计一个混合算法对该模型进行求解，通过一些数值算例对算法的效率进行分析。

Zhou等[126]基于非线性混合整数规划方法建立了一个有容量限制的固定费用可靠性选址问题优化模型，采用线性化技术将模型转化为线性混合整数规划问题，并设计了一种拉格朗日松弛算法进行求解。

由于固定费用设施选址问题是一个NP-hard问题，对于这种问题没有有效的多项式算法可以求出精确解，因此常用的是用各种近似求解的方法来求得近似最优解。Jaramillo等[127]提出一个遗传算法用于求解无能力约束和有能力约束的固定费用设施选址问题，通过公开的数据源对比该算法与其他启发式算法的效率。Chudak和Shmoys[128]提出以一个改进的近似算法用于求解无能力约束的固定费用设施选址问题。Ghosh[129]针对无能力约束的固定费用设施选址问题提出一个基于禁忌搜索和有记忆的完全局部搜索的邻域搜索启发式算法，通过算例验证了该算法的效率和准确度。Mahdian等[130]提出了两个近似算法用于求解设施选址问题，分别为1.52-approximation算法求解无能力约束的固定费用设施选址问题和2-approximation算法求解有能力约束的固定费用设施选址问题。Resende和Werneck[38]提出了一个混合的多点搜索算法用于求解无能力约束的设施选址问题，如果求解时间足够长该算法可以获得足够好的选址结果。Yu等[131]提出了一个模拟退火算法用于求解有能力约束的设施选址线路问题，数值算例结果表明该算法与其他著名的算法相比具有竞争力。Aboolian等[132]提出一个有效的算法用于求解设施损坏概率不相同的可靠性设施选址模型。Kim等[133]提出一个名为动态平均值交叉分解算法用于求解有能力约束的固定费用设施选址问题。An和Cheng[134]基于分支割平面的方法提出求解一类无能力约束的设施选址问题的算法，通过实例验证了算法的有效性。

1.2.5 国内相关研究

选址优化问题起源于国外，但国内学者也对此进行了诸多研究：王非[135]等人对离散设施选址问题进行了研究综述，系统地回顾了设施选址问题百年发展历史，将其划分为零散研究、系统研究、不确定性研究三阶段，并提出了选址问题中的8个子问题；利用模拟计算及逻辑推理确定最佳布局方案的方法应用也比较广泛，例如陆琳琳[136]采取的模糊评价法和马丽娟[137]等人提出的计算机辅助决策法；在考虑定性因素时，若不建立合理的评价体系，对候选点的取舍往往凭借经验，因此具有较大的局限性，杨萍[138]、汪波[139]、傅新平[140]等人对此作了有益的探讨；张敏[141]等人从投入产出角度将定性与定量因素结合，研究了物流中心的选址问题。

由于选址问题中含有多种变量及各种相关复杂约束条件，是典型的NP问题，其求解的算法设计也是研究的热点，国内学者也给出了多种算法设计，例如差分进化算法[142]、粒子群算法[143]和人工蚁群算法[144]等。由于选址问题是多变量的整体优化问题，通用性强、鲁棒性高的遗传算法适合解决此类问题，例如张鹏[145]等利用该算法为航空材料的仓库提高选址决策进行计算；李敏强[146]等人利用集合问题特征对该算法进行了改进，避免了过早陷入早熟现象的发生；也有学者[147]采用二进制编码的遗传算法，定长的编码序列为交叉操作提供方便，非0即1的编码方式极大程度地简化了变异操作；在此基础上，邹贵祥[148]结合小生境技术和多样性测度提出了新的改进方向。

2 有限信息下的可靠性选址模型——IR-UFL模型

考虑到失效概率和信息的不完全性，本章构建了基于有限信息的可靠性选址模型，即在无法得到实时信息的情况下，深层次研究顾客的解决策略——试错法（trial-and-error），在此基础上优化整个系统的建设成本和运营成本，以构建无容量限制的可靠性选址模型。

经典的无容量限制可靠性模型（Reliability Uncapacitated Fixed-Charge Location Model）常被简称为RUFL模型，为了描述简洁，本书构建的有限信息下的可靠性选址模型（Incomplete Reliability Uncapacitated Fixed-Charge Location Model）在下文中简称为IR-UFL模型。

2.1 问题起源

由于自然或人为因素，设施是可能受到损害的[22,132,133]，人们逐渐意识到，在选址时考虑的因素除了系统的高效率运转之外，还应该考虑到系统的可靠性。

解决设施失效问题的模型很多，被广泛应用的是由Snyder和Daskin[33]提出的备用设施思想：顾客会有一个主要服务设施和若干个备用服务设施，当主要服务设施发生失效时，该顾客将通过访问其他备用服务设施以获得服务。既有文献多存在基本假设，即，所有顾客都能够得到所有设施运行状态的实时信息，以此为依据，无论发生任何情况顾客总是可以直接抵达最近的可用的设施，但顾客可以得到设施实时状态信息的假设却并不符合现实情况。

即使在信息爆炸的现代社会，普通顾客想得到设施实时的运营情况也面临着诸多技术限制[134]和制度壁垒[135]，大部分情况下，如果顾客想知道某个设施是否可以提供服务，只能实地到达该位置，才能知道相关的准确信息。Berman等人以自动提款机（ATM）为例进行说明，提款机可能因为网络损坏、维修或者是只服务于某一种银行的客户等原因，不能为顾客提供服务，只有实地访问这个设备，顾客才能知道自己能否得到服务。与此类似的服务系统还包括零售店（特定商品可能脱销）、医院急诊室（如果等待时间较长，病人可能必须转院）以及交通运输设施、节点（高峰期可能限流，车辆延误）等。

除了这些常规事件外，现代社会的非常规事件发生的频率、危害程度也越来越高：比如2012年的飓风桑迪席卷纽约时，所有基础设施都受到不同程度损坏，许多车辆只能徘徊在多个加油站之间，因为并不知道哪个节点还可以提供服务[136]。这些意想不到的紧急事件可能会导致设施损坏，而且很有可能破坏既有通信网络，导致信息不畅[137-140]。

当顾客不能获得实时信息时，他所能采取的应对策略只能是遵从试错法，即，无论发生任何情况，他将按照规划（提前决定）的次序逐一访问附近的设施、节点，直到他抵达一个处于运营状态的设施并获取服务，或遍寻无果后最终放弃服务。

国内外鲜有针对这种有限信息情景下顾客试错行为的研究，更无针对该应对机制的选址模型研究①。综上，如何在有限信息下进行可靠性选址的研究，制定适宜的网络选址优化策略具有一定的研究意义，为开展科学合理的交通运输节点规划设计工作提供前提条件。

2.2　问题描述

选址问题的本质是在指定区域内建设一定数目的设施，从而满足该区域内所有顾客的服务要求，在这个过程中，会产生设施的一次性建设费用和顾客的长期的运输费用，如图2-1所示。

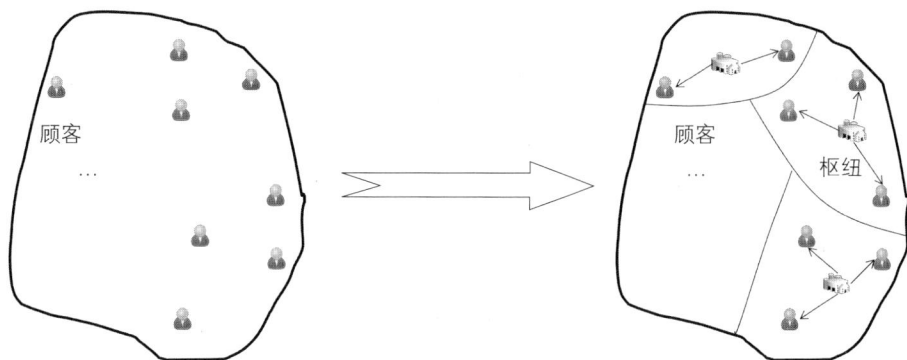

图2-1　选址问题描述

---

① 据作者所知，仅有的讨论到这种试错策略的文章是Berman的"Locating Facilities in the Presence of Disruptions and Incomplete Information"，但是他设计的访问策略有很大的局限性，并不是最优的，这一点将在2.7节中进行详细讨论。

　　所谓优化选址模型，就是以系统总成本最低为目标函数，在成本限制下进行设施、节点的选址设计，以获得相对最佳的系统表现。选址模型中建设成本和长期运输成本之间存在效益背反效应：若减少建设成本，则意味着建造设施的数量减少，导致顾客到设施的平均距离增加，最终引起运输成本增加；反之，若减少运输成本，意味着顾客要更加容易地到达服务设施，就必须建造更多的设施，从而引发较高的建设成本。这个关系颇类似天平，一方减少会导致另一方的增加，优化目标在于找到一个平衡点，使二者之和——系统总成本最小。

　　本书将研究有限信息情景可靠性选址问题，具体来说，就是当顾客并不能得知交通运输节点实时运行状态的信息时，他将按照预先规定的次序逐一访问附近的节点，直到找到处于正常运营状态的节点并得到服务，或者访问完所有指定的节点发现全部损坏，则放弃服务并因此接受惩罚成本。所谓惩罚成本，是指乘客放弃服务时，造成该乘客产生的经济损失：如无法抵达上班地点，损失工资收入等经济损失，这部分损失即为惩罚成本。

　　在传统的完全信息可靠性选址问题中，顾客将得到设施的实时状态信息，从而可以按照分配好的优先级别，从自己的所在地直接到达有效设施位置，如图2-2（a）所示。本书构建的有限信息可靠性选址模型中，假设顾客只能实际到达每个设施的物理位置，才能知道该设施是否可以提供服务，所以他只能按照指定的优先等级，从自己所在地出发并依次访问每一个设施，直至他得到服务或放弃并得到惩罚成本［见图2-2（b）］。

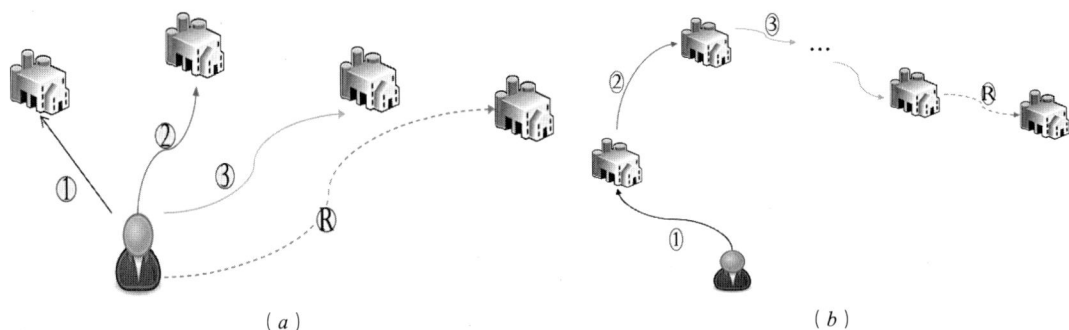

图2-2　完全与有限信息下的访问路线
（a）完全信息访问路线；（b）有限信息访问路线

　　图2-3描述了选址优化过程中的主要事件和决策变量，重点展示了规划阶段决策变量的重要性，分析了不同的情况（某个或某几个节点失效）下单个乘客决策对总系统的影响。

　　在规划阶段，模型要在指定候选点（候选区域）中选择出适宜的节点建设位置进行建造，每建造一个节点会产生一定的建设费用；一旦节点建成，每个顾客都会被分配给具有不同优先级的节点来获得服务，并在抵达节点的过程中产生一定的交通费用；而分配不同优先级的目的是优化顾客的访问次序，换言之，是最小化交通成本。

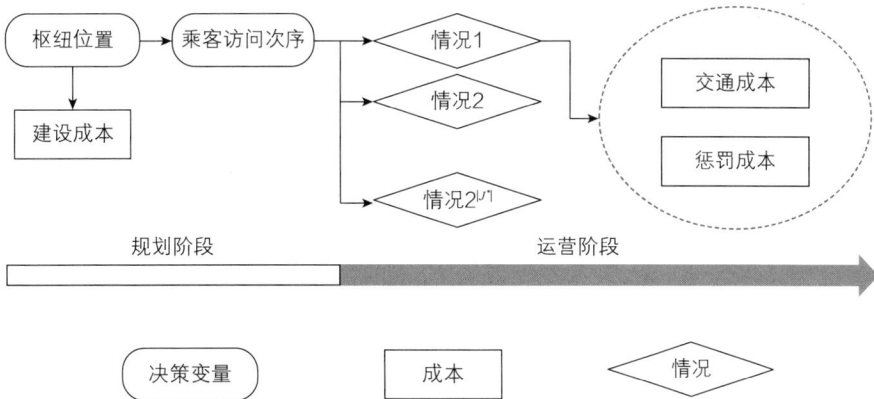

图2-3 决策模型

然后模型进入日常运营阶段，此时节点已经建好，但随时都有一定的损坏概率，任何时刻都可能发生失效情况。在这个阶段，乘客并不能提前知道节点运营状态，他将按照提前安排好的优先级来访问规定的节点，有可能在他遇到的第一个可以正常运营的节点获得服务，也有可能在访问完规定的所有节点后发现全部失效，不得不放弃服务。

在这个过程中，由于各个节点间损坏的概率是独立的，因此发生节点失效的情景有许多的可能性，不同的情景将产生不同的访问方式；事实上，访问方式随着情景的变化而变化，与建设节点的数量呈指数量级增长，如图2-4所示

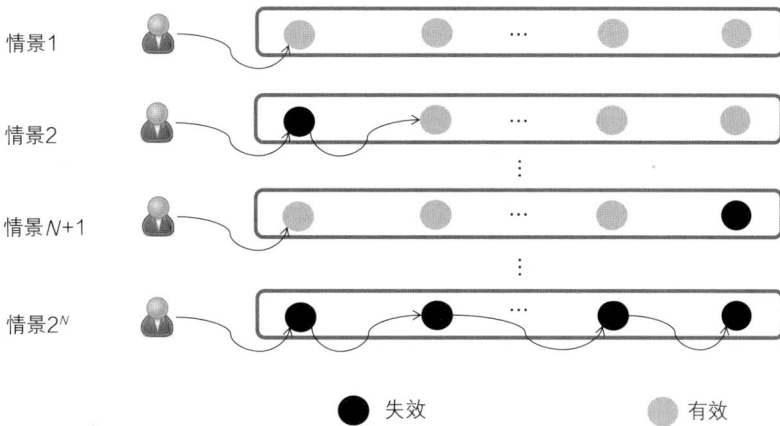

图2-4 不同失效情境下的访问方式

可靠性选址模型的目的在于选择出最佳设施建设数量和位置，并确定顾客与设施之间的优先分配等级，从而在考虑到所有可能发生的情况下，得到最小化的系统总期望成本，包括设施建设投资成本、顾客日常交通成本和可能发生的惩罚成本。

2.3　相关变量定义

本节将介绍模型中使用的各符号含义，为表述简单，下文中将通用性较高的"设施"一词代替"交通运输网络设施、节点"。

遵循选址优化问题的一般性思路，本书先分析一个比较简单的问题，即，假设设施的选址点已经确定，并以此为基础研究优化决策问题。在规划阶段，在指定区域内有一些分散的顾客，可用集合 I 表示，而集合 J 则表示建设好的设施集合，集合 J 内的设施是为了服务顾客集 I 而构建，如图2-1所示。每建造一个设施 $j, j \in J$，都会产生一次性的固定建设成本 f_j，据此总建设成本可以表示为：

$$\sum_{j \in J} f_j \qquad (2-1)$$

在顾客集 I 中的每一个顾客 i 都有自己的需求量 d_i，或称服务诉求量 d_i，每个顾客都会被分配到一些不同的设施来获得服务，这些选中的设施集合为 J_i。根据分配给该顾客 i 的不同访问次序，将这些设施定义为 $\{j_i^1, j_i^2, \cdots, j_i^{|J_i|}\}$，同时将该顾客第 r 个访问的设施定义为 j_i^r，或者称 j_i^r 是顾客 i 第 r 个等级分配到的设施。需要注意的是，考虑到某种极端情况，比如某顾客从所有设施中都得不到服务，因此 J_i 可以是空集。

在运营阶段，因为上文讨论过的各种原因，设施可能会随时损坏，在这里假设每个设施的损坏概率 q 符合独立同分布（independent and identically distributed, i.e., i.i.d.）。Snyder和Daskin研究之后发现，独立同分布的假设虽然某种程度上限制了模型的适用范围，但是却可以将极其复杂的系统成本表达式简化成一个简洁的多项式数学模型[33]，因此本章构建的模型也采用该假设。

有限信息假设是指，无论在何种情况下，一个顾客 i 开始时都不知道分配给他的设施集 J_i 的状态信息，所以他总是按照安排好的访问次序逐一访问这些设施，如图2-5所示。

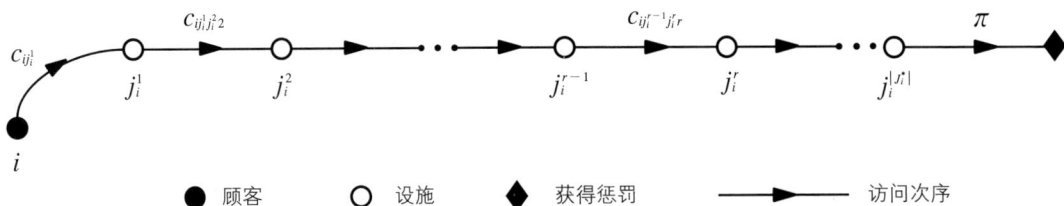

图2-5　顾客访问设施的次序

该顾客 i 总是会首先访问第一等级的设施 j_i^1，并产生单位交通费用 $c_{ij_i^1}$，该费用通常与他到设施 j_i^1 的距离相关。如果这个设施 j_i^1 可以为他提供服务，那这个顾客就会不再试图寻找其他设施而是直接从这里获得服务，该旅程结束。否则，该顾客不得不继续按照次序访问集合中的

其他设施 $J_i^* \backslash \{j_i^1\}$，从图2-5中可以看出，每次从设施 j_i^{r-1} 到设施 j_i^r 的访问过程中，每单位需求量会产生额外的交通费用 $c_{ij_i^{r-1}j_i^r}$。交通费用 $c_{ij_i^{r-1}}$ 通常可以用设施 j_i^{r-1} 和设施 j_i^r 之间的距离来表示，为了体现由这个访问而导致的额外困难，可以增加一个风险预防系数。如果他已经访问了 J_i^* 中的所有设施，但是却没有找到可以提供服务的设施，该顾客只能放弃服务并接受单位惩罚费用 π。

如上文所言，本模型中假设每个设施都有一个独立且相同的损坏概率 q，因此对顾客 i 而言，如果他访问某个设施 j_i^r（无论是旅程终止于此，还是没有得到服务要继续寻找下一个），那么意味着他曾经访问过的那些 $\{j_i^1, j_i^2, \cdots j_i^{r-1}\}$ 设施都已经损坏，所以发生这种情况的概率为 q^{r-1}；如果该顾客接受惩罚费用，则意味着分配给他的设施集 J_i^* 内的设施已经全部失效，发生该情况的可能性为 $q^{|J_i^*|}$。

图2-4已经简要说明了不同失效情景下，访问方式是以建设数量的指数级增长的，如何将数量庞大的计算式合并成为一个相对简单统一的方程式，是构建模型中的一大挑战。

本书处理该问题的基本思路在于，将某顾客 i 所有可能的访问过程分解，以他所有可能到达的节点为分界点，将总过程分解成少量的独立步骤；前面已经阐述了他访问某个节点的概率可以简化为 q^{r-1}，那么将每段步骤的交通成本可以利用这个公式分别进行计算，如图2-6所示。

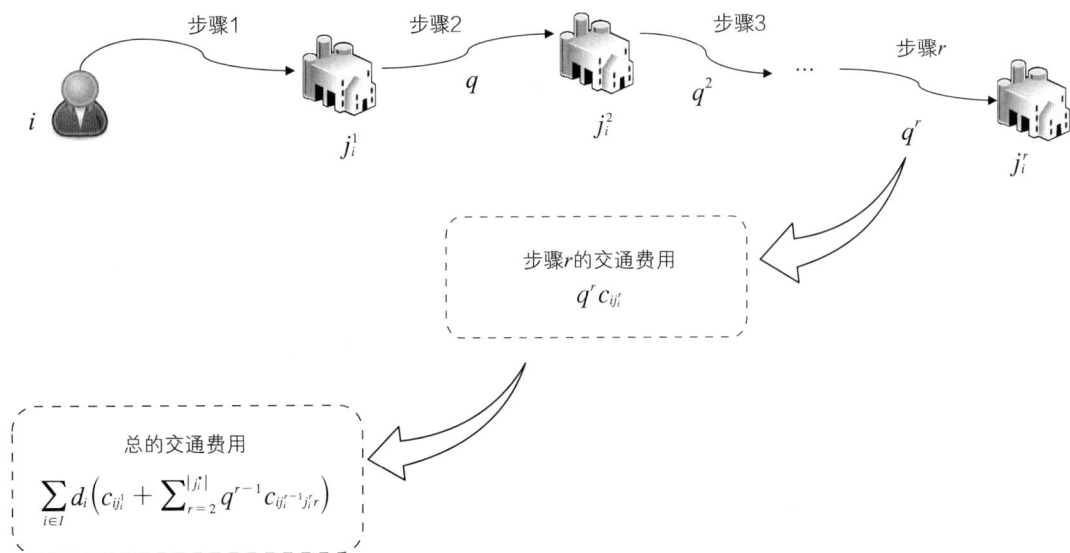

步骤1　步骤2　步骤3　步骤r

i　j_i^1　q　j_i^2　q^2　$\cdots$　q^r　j_i^r

步骤 r 的交通费用
$q^r c_{ij_i^r}$

总的交通费用
$$\sum_{i \in I} d_i \left(c_{ij_i^1} + \sum_{r=2}^{|J_i^*|} q^{r-1} c_{ij_i^{r-1}j_i^r} \right)$$

图2-6　交通成本分段公式化

因此，对顾客 i 的单位需求量而言，他的期望交通费用和惩罚费用之和可以表述为 $c_{ij_i^1} + \sum_{r=2}^{|J_i^*|} q^{r-1} c_{ij_i^{r-1}j_i^r} + q^{|J_i^*|}\pi$，因此得到模型的系统预期运营成本如下：

$$\sum_{i \in I} d_i \left(c_{ij_i^1} + \sum_{r=2}^{|J_i^*|} q^{r-1} c_{ij_i^{r-1}j_i^r} + q^{|J_i^*|}\pi \right) \qquad (2-2)$$

为了简化公式，应该把式（2-2）中的 $|J_i^*|$ 消除掉，这样才能重新构造运营成本和建设成本，最终成为一个统一的公式，为下节的模型构建提供基础。为此，本书引进虚拟设施（紧急设施） j_0 的概念，即，当顾客 i 遍寻所有分配给他的设施无果后放弃服务时，可以假设他在访问完最后一个分配给他的实际设施 $j_i^{|J_i^*|}$ 后，又访问了一个虚拟设施 j_0，而这个访问过程中产生的单位交通费用 $c_{ij_i^{|J_i^*|}j_0(j_i^{|J_i^*|}+1)}$ 就等于他的单位惩罚费用 π，如图2-7所示。

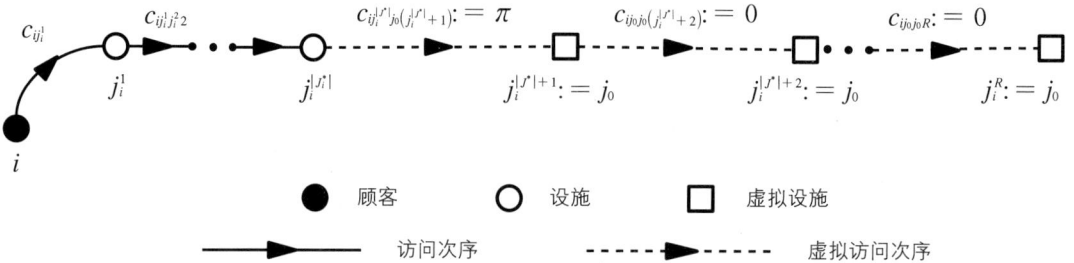

图2-7　虚拟设施访问次序

至此，本书通过增加虚拟设施 j_0，将设施集 J_i^* 扩展到 $\overline{J_i}$，同时假设访问次数为 R，且 R 为足够大的数值，例如令 $R = \max_i |J_i^*| + 1$；此时设施集 $\overline{J_i} = \{j_i^1, \cdots, j_i^R\}$，并且 $j_i^{|J_i^*|+1} = j_i^{|J_i^*|+2} = \cdots = j_i^R = j_0$。本书定义单位运输费用如下： $c_{ij_0} := \pi, \forall i \in I$， $c_{ijj_0r} := \pi, \forall i \in I, j \in J^*, r = 2, \cdots, R$，并且 $c_{ij_0j_0r} := 0, \forall i \in I, r = 2, \cdots, R$。

以上定义可以用图2-7进行说明：假设规定顾客 i 的访问次数将是一个足够大的数值 R，所以他在访问完最后一个分配给他的实际设施 $j_i^{|J_i^*|}$ 后，可以继续前往虚拟设施 j_0，此时的访问次数 $r = j_i^{|J_i^*|} + 1$，产生的单位交通费用为 $c_{ij_i^{|J_i^*|}j_0(j_i^{|J_i^*|}+1)} := \pi$，在这之后顾客会一直从虚拟设施 j_0 再次访问 j_0，一直到他完成规定的访问次数 R，这期间的单位运输成本定义为 $c_{ij_0j_0r} := 0, \forall i \in I, r = 2, \cdots, R$。

综上所述，此时的公式（2-2）可以得到简化，转化为：

$$\sum_{i \in I} d_i \left(c_{ij_i^1} + \sum_{r=2}^{R} q^{r-1} c_{ij_i^{r-1}j_i^r} \right) \tag{2-3}$$

至此，建设成本和运营成本都已经表述完成，下一节将构建有限信息可靠性选址模型。

2.4　模型构建

在2.2小节中为了更好地描述选址问题，曾假设设施选址点和顾客的访问次序已经确定，本节将放弃这个假设并构建一个基于有限信息下的可靠性选址模型。

我们的目的是，在候选位置集合 J 中选出应建设的设施位置子集 J^*，并决定对顾客 i 相应的设施分配集合 $\{J_i^*\}$，由此得到最小的系统期望总成本，即，一次性的设施建设成本和期望运营成本之和，可以用下式来表示：

$$\min_{J^*\subseteq J,\{J_i^*\}_{i\in I}}\sum_{j\in J^*}f_j+\sum_{i\in I}d_i\left(c_{ij_i^1}+\sum_{r=2}^R q^{r-1}c_{ij_i^{r-1}j_i^r}\right) \quad（2-4）$$

式（2-4）虽然简洁，但是却具有高度的非线性，因此有效地解决这个问题有较高的难度，为此，本小节剩下的部分将式（2-4）转化成为等价的整数规划（IP）形式，使其可以适合于常用的商业软件和系统的算法。

首先本书将候选位置的抉择定义为一个决策变量 $Y=\{y_j\}_{j\in J}$，即，

$$y_j=\begin{cases}1,\text{在候选位置}j\text{上建设一个（即}j\in J^*）\\0,\text{其他（即}j\notin J^*）\end{cases}$$

此时总的建设成本式（2-1）可以等价转换为：

$$\sum_{j\in J}f_jy_j \quad（2-5）$$

其次，为了简化公式，本书将部分符号定义如下：

$\overline{J}:=J\cup\{j_0\}$，

$$J_j^+:=\begin{cases}\overline{J},\text{if}j=j_0\\J\backslash\{j\},\text{if}j\in J\end{cases}，$$

$$J_j^-:=\begin{cases}\{j_0\},\text{if}j=j_0\\\overline{J}\backslash\{j\},\text{if}j\in J\end{cases}j\in\overline{J}，$$

这里的 J_j^+ 代表在候选位置 j 之前访问的候选位置，而 J_j^- 则代表在候选位置 j 后面可以访问的候选位置。

然后，本书定义两组选择设施分配次序的辅助决策变量，$X:=\{x_{ij}\}_{i\in I,j\in\overline{J}}$ 和 $X':=\{x_{ijj'r}\}_{i\in I,j\in\overline{J},j'\in J_j^-,r=2,\cdots,R}$，如下所示：

$$x_{ij}=\begin{cases}1,\text{顾客}i\text{第一等级的分配设施是}j\\0,\text{其他}\end{cases}$$

$$x_{ijj'r}=\begin{cases}1,\text{顾客}i\text{第}r-1\text{等级的分配设施是}j,\text{并且第}r\text{等级分配的设施是}j',\forall r=2,\cdots,R\\0,\text{其他}\end{cases}$$

此时，总的期望运营成本式（2-3）可以转换为以下形式：

$$\sum_{i\in I}d_i\sum_{j\in\overline{J}}\left(c_{ij}x_{ij}+\sum_{j'\in J_j^-}\sum_{r=2}^R q^{r-1}c_{ijj'r}x_{ijj'r}\right) \quad（2-6）$$

最终，根据简化后的式（2-5）和式（2-6），前文描述的可靠性选址模型可以转换成如下的整数规划模型（IP model），称为有限信息下可靠性选址模型（即IR-UFL模型）：

IP：

$$\min_{X,X',Y} \sum_{j\in J} f_j y_j + \sum_{i\in I} d_i \sum_{j\in \overline{J}} \left(c_{ij} x_{ij} + \sum_{j'\in J_{\overline{j}}^+} \sum_{r=2}^{R} q^{r-1} c_{ijj'r} x_{ijj'r} \right) \qquad （2-7）$$

约束条件：

$$\sum_{j\in \overline{J}} x_{ij} = 1, \forall i \in I \qquad （2-8）$$

$$x_{ij} + \sum_{r=2}^{R} \sum_{j'\in J_j^+} x_{ij'jr} \leqslant y_j, \forall i \in I, j \in J \qquad （2-9）$$

$$x_{ij} = \sum_{j'\in J_{\overline{j}}^-} x_{ijj'2}, \forall i \in I, j \in \overline{J} \qquad （2-10）$$

$$\sum_{j'\in J_j^+} x_{ij'j(r-1)} = \sum_{j'\in J_{\overline{j}}^-} x_{ijj'r}, \forall i \in I, j \in \overline{J}, r = 3, \cdots, R \qquad （2-11）$$

$$\sum_{j\in J_{j_0}^+} x_{ijj_0 R} = 1, \forall i \in I \qquad （2-12）$$

$$x_{ij} \in \{0,1\}, \forall i \in I, j \in \overline{J} \qquad （2-13）$$

$$x_{ijj'r} \in \{0,1\}, \forall i \in I, j \in \overline{J}, j' \in J_{\overline{j}}^-, r = 2, \cdots R \qquad （2-14）$$

$$y_j \in \{0,1\}, \forall i \in J \qquad （2-15）$$

在上述模型中，目标函数式（2-7）是选择最佳的设施建设位置、数量和分配方案以获得最小的系统总成本；约束条件式（2-8）要求每个顾客的第一等级分配必须存在，无论是分配给实际的设施还是分配给虚拟设施；约束条件式（2-9）要求分配的设施必须是被建设，而且每个顾客只能访问同一个设施一次；约束条件式（2-10）、式（2-11）意味着顾客的访问顺序必须是从第$r-1$等级的设施到第r等级的设施；约束条件式（2-12）要求每个顾客最后一个访问的设施必须是虚拟设施，确保惩罚成本的合理性；约束条件式（2-13）～式（2-15）目的在于保证决策变量符合0-1整数限制的要求。

2.5 模型性质

2.5.1 经典RUFL模型是IR-UFL模型的特例

上文提出的有限信息下可靠性选址模型（IR-UFL模型），其中参数$c_{ij^{r-1}j_r^r}$是指从位置j_i^{r-1}到j_i^r的单位交通成本，这也是本模型的创新点之一，其实如果从另一个角度观察这个参数，可以将本模型拓展到Snyder和Daskin提出的经典完全信息模型（RUFL）[33]，据此得到本模型的第一个性质。

性质一：广义性

如果令 $c_{ij_i^{r-1}j_i^r} := c_{ij_i^r} - c_{ij_i^{r-1}}, \forall i \in I, r = 2, \cdots, R$，IR-UFL模型可以拓展到完全信息下的可靠性选址模型[33]，即在顾客知道所有设施的实时信息情况下，他在任何情况下都将直接访问离他最近的有效设施来获得服务。

证明如下：

如前文所述，完全信息下可靠性选址模型和有限信息模型的主要区别就在于当设施发生损坏时，顾客对设施不同的访问策略：完全信息模型假设顾客可以直接去访问最近的有效设施，而有限信息模型则是认为顾客只能遵循试错策略。

如果将参数 $c_{ij_i^{r-1}j_i^r}$ 理解为顾客 i 从第 $r-1$ 等级的设施到第 r 等级设施之间的额外单位交通成本，那么模型表述的就是有限信息下的可靠性选址模型。然而，如果设定 $c_{ij_i^{r-1}j_i^r} := c_{ij_i^r} - c_{ij_i^{r-1}}$，这部分成本就成为顾客 i 直接访问第 r 等级设施 j_i^r 所付出的单位交通成本，那么公式中单位需求量的运营成本则转换成 $c_{ij_i^1} + \sum_{r=2}^{R} q^{r-1}(c_{ij_i^r} - c_{ij_i^{r-1}})$，将其拓展开，得到如下公式：

$$(1-q)c_{ij_i^1} + q(1-q)c_{ij_i^2} + q^2(1-q)c_{ij_i^3} + \cdots + q^{R-1}(1-q)c_{ij_i^{R-1}} + q^R c_{ij_i^0} \quad （2-16）$$

而这个公式与Snyder经典完全信息选址模型中的运营成本公式完全一致，因此，此时的模型相当于完全信息下的可靠性选址模型，因此可以说本书的IR-UFL模型具有完全信息模型的基本性质，并且可以拓展到完全信息下的可靠性选址模型。

性质一得证。

2.5.2 IR-UFL模型的最优解不小于RUFL模型最优解

在探讨出有限信息模型与完全信息下可靠性选址模型的关联之后，本书试图寻找二者的成本构成的关系，发现在相同系数设置下，有限信息下的优化的系统总成本一定会大于（至少不小于）完全信息下的系统总成本，详见性质二。

性质二：上界性

当任意两设施间交通成本与二者间距离相关、且比率固定时，有限信息模型得出的最优解总是不小于对应的完全信息下可靠性选址模型的最优解。

证明如下：

首先假设IR-UFL模型的最优解为 $\{X, X', Y\}$，并且选定的设施建设位置的集合为 $J^* := \{j | j \in J, Y_j = 1\}$，此时的模型总成本用 C^{I^*} 表示，公式表达式为：

$$C^{I^*} := \sum_{j \in J} f_j y_j + \sum_{i \in I} d_i \left(\sum_{j \in \bar{J}} c_{ij} x_{ij} + \sum_{r=2}^{R} q^{r-1} \sum_{j \in \bar{J}} \sum_{j' \in \bar{J}_{\bar{j}}} c_{ijj'r} x_{ijj'r} \right) \quad （2-17）$$

而完全信息下的系统总成本与上式的区别就是顾客直接访问该分配等级的设施，而不是从上一等级的设施移动过来，显而易见，有限信息下的最优解 $\{X, X', Y\}$ 一定是完全信息下的可行解之一。

在此保留选址决策解仍然是Y，但分配的最优解$\{X,X'\}$应调整为$\overline{X}:=\{x_{ijr}\}_{i\in I,j\in \overline{J},r=1,\cdots,R}$，其中$x_{ij1}:=x_{ij},\forall i\in I,j\in \overline{J}$，并且$x_{ijr}:=\sum_{j'\in J_j^+}x_{ij'jr},\forall i\in I,j\in \overline{J},r=2\cdots,R$。很明显，$x_{ijr}=1$意味着顾客在第$r$等级时会直接访问设施$j$，即，此时的设定符合完全信息下选址问题的假设。因此，在以上变换的基础上，完全信息下可靠性选址模型的系统总成本C^P可以用下式表示：

$$C^P:=\sum_{j\in J}f_jy_j+\sum_{i\in I}d_i\left(\sum_{r=1}^{R-1}q^{r-1}(1-q)\sum_{j\in \overline{J}}c_{ij}x_{ijr}+q^R\pi\right)\qquad（2-18）$$

从C^{l*}和C^P的表达式可以很容易看出，二者的建设成本是相同的，因此我们只需要对比运营成本即可。首先将C^{l*}的运营成本重新整理如下：

$$\sum_{i\in I}d_i\left(\sum_{j\in \overline{J}}c_{ij}x_{ij}+\sum_{r=2}^R q^{r-1}\sum_{j\in \overline{J}}\sum_{j\in J_j^-}c_{ijj'r}x_{ijj'r}\right)$$
$$=\sum_{i\in I}d_i\left\{(1-q)\sum_{j\in \overline{J}}c_{ij}x_{ij}+\sum_{r=2}^R q^{r-1}(1-q)\left(\sum_{j\in \overline{J}}c_{ij}x_{ij}+\sum_{r'=2}^r\sum_{j\in \overline{J}}\sum_{j\in J_j^-}c_{ijj'r'}x_{ijj'r'}\right)+q^R\pi\right\},$$

而C^P的运营成本表达式为$\sum_{i\in I}d_i\left(\sum_{r=1}^R q^{r-1}(1-q)\sum_{j\in \overline{J}}c_{ij}x_{ijr}+q^R\pi\right)$，由此我们可以计算二者差

值：$C^{l*}-C^P=\sum_{i\in I}d_i\left\{\sum_{r=2}^R q^{r-1}(1-q)\left(\sum_{j\in \overline{J}}c_{ij}x_{ij}+\sum_{r'=2}^r\sum_{j\in \overline{J}}\sum_{j\in J_j^-}c_{ijj'r'}x_{ijj'r'}-\sum_{j\in \overline{J}}c_{ij}x_{ijr}\right)\right\}$。需要注意的是，

由于我们假定任意两点间的运输费用与二者间距离直接相关，且比率固定，所以，$\sum_{j\in \overline{J}}c_{ij}x_{ijr}$表

示的是从顾客i到他所分配第r等级的设施j之间的直接距离，而$\left(\sum_{j\in \overline{J}}c_{ij}x_{ij}+\sum_{r'=2}^r\sum_{j\in \overline{J}}\sum_{j\in J_j^-}c_{ijj'r'}x_{ijj'r'}\right)$代表

顾客i迂回经过所有低于等级r的设施之后，抵达第r等级的设施j过程中所有路程的距离。由此

可以看出，$\left(\sum_{j\in \overline{J}}c_{ij}x_{ij}+\sum_{r'=2}^r\sum_{j\in \overline{J}}\sum_{j\in J_j^-}c_{ijj'r'}x_{ijj'r'}\right)$明显大于$\sum_{j\in \overline{J}}c_{ij}x_{ijr}$，由此得出$C^{l*}-C^P\geqslant 0$。

性质二得证。

2.6 与UFL模型的对比

传统无容量限制设施选址模型（UFL模型）假设设施一旦建成，在规划期内将一直处于有效状态，在本书2.1节中已经简要说明了这个假设并不符合实际，那么，当设施发生失效时，用何种方法确认对系统影响程度是否严重，试图以量化的计算方法衡量系统表现的差距，是本节的重点阐述内容。

本节将以Daskin [4]提出的案例为例，用数据说明设施失效对系统运营效率的影响及其造成的损失：数据来源是Daskin论文中提出的包括美国48个州首府和华盛顿特区，共49对点；顾客需求量则根据1990年每个州的人口成比例得到。

首先看一下通过传统UFL模型得到的优化选址布局，如图2-8所示。

图2-8 UFL模型下优化选址布局

在图2-8中得到的优化选址，将会产生348000美元的建设费用，509000美元的交通费用（此时设定每英里的交通费用为0.00001美元）。但是，如果这时候有某个设施突然失效，虽然原建设费用不会发生变化，但是该设施服务的顾客不得不到另外一个设施来获得服务，导致交通费用发生变化。

以美国加州首府所在地的设施（下文简称为CA）为例，如果CA发生失效，那么西海岸的顾客不得不从伊利诺斯州首府（下文简称为IL）和德克萨斯州（下文简称为TX）获得服务（图2-9），导致交通费用上升到了1081000美元，增幅高达112%。

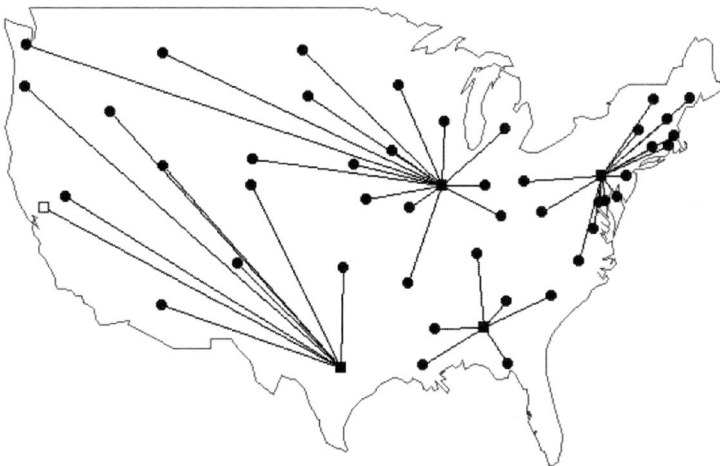

图2-9 CA设施失效后的优化策略

为了更清楚地说明设施失效对系统表现的影响，表2-1分别列举了当UFL模型优化后确定的5个位置点分别失效时，造成的损失和影响。

UFL模型优化策略下某点的损失费用　　　　　　　表2-1

失效点	原顾客服务率（%）	失效后交通费用（美元）	增长百分比（%）
CA	19	1081229	112
PA	33	917332	80
IL	22	696947	37
AL	16	639631	26
TX	10	636858	25
原交通费用	—	508858	—

从表2-1可以看出，当CA失效后，交通费用增长了112%；而当TX失效时，交通费用只增长了25%，造成这种现象的原因如下：

（1）交通距离增加

CA虽然只服务了19%的顾客，但是一旦它失效，其所服务的顾客不得不到很远的IL和TX来获得服务，如图2-9所示。从图中也可以明显看出，所有顾客和两个备份设施之间距离很远，导致产生了很高的额外交通费用。

（2）顾客需求量大

与此相对的是，PA虽然距离另外两个备份设施较近，但是它的损失费用也高达917332美元，和无失效情况下的交通费用相比增长了80%。这是因为PA服务了33%的顾客，虽然失效后的单位交通费用增加很低，但考虑到巨大的顾客需求量，二者的乘积变化使交通费用增幅巨大，达到了80%。

（3）集聚效应

表2-1中比较有趣的一点是IL，它的服务量占了总数的22%，是服务量第二大的设施，但是它却位于各设施的中心圈内，离每个设施都不是很远，导致它服务的顾客在失去该服务后，可以就近从别的设施获得服务，并不用支付高额的额外交通费用。也正是得益于IL位于集聚区，它一旦损坏，造成的交通费用仅仅为696947美元，增幅仅为37%，远远低于另外两个较大的设施。

Snyder[149]曾经提出了另一个优化后选址布局，如图2-10所示，此时选择的设施点为：CA、NY、TX、PA、OH、AL、OR和IA8个选址点。

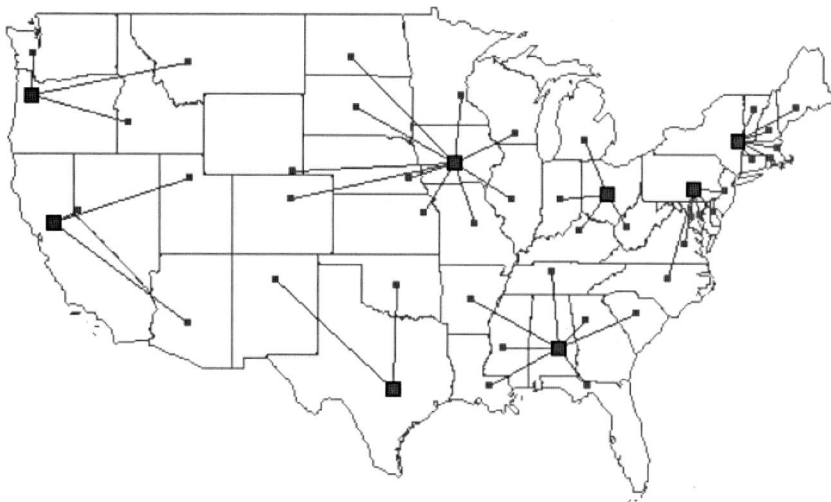

图2-10　可靠性更高的布局

图2-10的优化布局中，任何一个设施失效造成的交通费用增加都不超过640000美元，基本上是表2-1中最小的损失，这是Snyder从减少交通费用损失的角度选择的优化布局。但不幸的是，此时的布局增加了3个选址，导致了建设费用的大幅增加到919298美元，比起UFL的优化策略增长了7.25%。

很明显，无论是企业还是政府，都不会为了概率极低的可能性，增加如此多的基础设施，导致产生巨大的成本负担。因此，如何合理的平衡交通费用和建设费用，才是本模型考虑的重点之一。

本书在案例分析中应用了同样的数据源，为了更好地与其他模型进行对比，这里将第5章得出的结果展示如下：当损坏概率为0.2时，得到结果如图2-11所示。

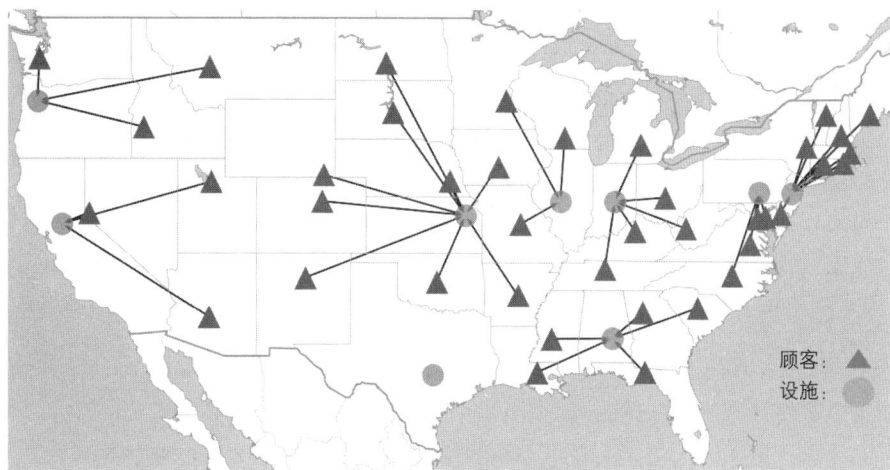

图2-11　IR-UFL模型的优化选址布局

此时的交通费用为545000美元，比UFL模型下的优化策略增长了7%，已经接近Snyder提出的优化布局；而且，此时本模型的建设费用仅为465000美元，远低于Snyder的建设费用919298美元，降低了近一半的费用。

综上所述，在选址模型中考虑到设施损坏的情况是十分必要的，而且通过对比，本书构建的IR-UFL模型可以充分平衡交通费用和建设费用，从而达到以最小的费用达到最优的系统表现。

2.7　与Berman模型的对比

在本章中提到，既有文献中考虑到有限信息的可靠性选址模型并不多，具有代表性的就是2009年Berman等人[26]提出的基于有限信息下的可靠性选址模型（以下简称Berman模型）。本小节将对Berman模型和本书提出的IR-UFL模型进行对比，分析两个不同优化策略的不同之处。

Berman模型的假设同样是顾客并不能够得到设施运营状态的实时信息，他必须实地到达某一个设施才能知道自己是否能够被服务；但是Berman模型规定，顾客访问设施的次序依据只限于当前距离，即无论发生任何情况，顾客一开始都会访问离他距离最近的设施试图得到服务，但如果第一个设施发生了损坏，则他会访问距离他现在位置最近的设施，并循环这个过程直至他找到有效的设施得到服务或者放弃服务。

这个策略听起来很合理，每一次旅程都选择距离最短的距离，但本书可以用简单的数例来证明这种访问次序并不是最优的策略，Berman模型的访问策略产生的运营成本将明显高于本书的优化结果。

图2-12构建了一个$[0,20] \times [0,90]$的长方形区域，并在该区域内随机生成了5个点，令其中坐标为（4,51）的点c为顾客（Customer），另外四个点分别是位于（10,83）的f_1，位于（11,19）的f_2，位于（12,16）的f_3，以及位于（19,7）的f_4（Facility）。假设每个设施的损坏概率为20%且彼此独立；顾客c访问某设施时经过的路线称为路径（Path），产生的交通成本等于两点之间的直线距离值；当顾客放弃服务时，他会受到数值为1000的惩罚费用；而运营成本则为交通成本与惩罚成本之和。

图2-12（a）为基于Berman模型而产生的访问次序，经过计算可以得出此时的运营成本为47；而图2-12（b）为基于本书构建的模型而产生的访问次序，而此时的运营成本仅为36；二者相比较可以看出，服从于Berman模型访问次序的优化策略成本比本书的要高30%以上。

通过对比可以看出，Berman模型访问的第一步是距离较近的f_1，而我们第一等级访问设施是相对较远、与其他设施聚集度却较高的f_2。虽然点f_2的初始距离较远，使第一阶段的交通成本略有增加，但进入设施群后，以后几个等级的设施距离都较近，这个位置大幅度减少了后几步的交通成本，并最终产生了比Berman模型更小的运营成本，更好的优化策略。

因此，一个顾客理性的抉择应该是充分权衡好当前和以后可能发生的全部交通成本，而不是只考虑到距离自己现阶段位置最近的设施。

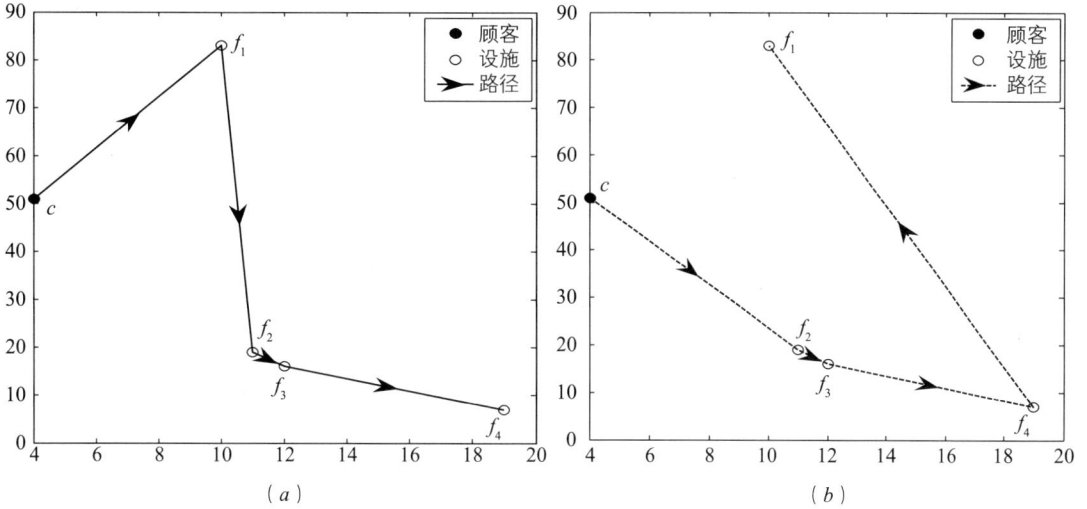

图2-12　不同优化策略的访问次序
（a）Berman模型的访问次序；（b）IR-UFL模型的访问次序

这个数例分析可以很容易扩展到多顾客模型，可以想象如果每个顾客都不是只顾眼前利益，不采用Berman模型的访问策略，那么整个系统可以以更小的成本得到更加优异的表现。

2.8　本章小结

考虑到不能得到全部信息下乘客的"试错"策略，本章构建了有限信息下的可靠性选址模型。该模型创新性地定义了失效情况下的乘客反应，合并呈指数级增长的不同情景，并将此情景下复杂的交通成本精简为简洁的公式，并最终构建了一个紧凑的整数规划形式的IR-UFL模型。

通过对模型性质进行深入分析，得出RUFL模型是本书构建的IR-UFL模型的特例之一，并且在同样的参数条件下，RUFL模型的系统总费用永远不会大于本模型的费用。通过与同样考虑到有限信息下Berman模型进行对比，证明了本书考虑总运营费用的策略优于Berman基于距离确定访问次序的策略。综上所述，本模型更加符合现实，可以得到更加优化的系统表现。

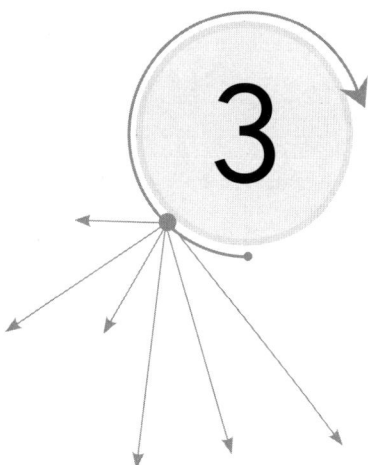

3 IR-UFL模型的求解

虽然本书第2章构建的IR-UFL模型已经是一个简洁的整数规划模型，并可以用软件市场上最经典的CPLEX和最先进的Gurobi求出满意解；但是经过实例验证，发现这些标准的求解软件并不能有效地计算大规模、甚至是中等规模的实例数据（表4-1），所以本章的目的是根据IR-UFL模型的特点，提出一个针对本模型特点而构建的求解方法。

3.1 求解选址模型的算法介绍

既有研究已经证明，大多数的选址模型都是NP-hard问题，在当前的计算基数下很难求得所谓的最优解（Optimal Solution），但是通过各种启发式算法（Heuristic）可以寻求该决策问题的次优解，或者称满意解（Good Solution）。下面就一些在经典选址模型中常用的算法进行介绍。

3.1.1 贪婪算法

贪婪算法（Greedy Heuristics）有两种基本思路，一种是贪婪相加（Greedy Adding），另一种是贪婪减少（Greedy Dropping）。

贪婪相加算法的基本思想是首先设解集为空集，然后逐个对比未进入当前解集中的选址点，将最能改善目标函数的选址点加入解集，这样反复进行，直到所有的需求点都可以覆盖（对于集覆盖问题）或解集中已有p个选址点（对于最大覆盖问题）；贪婪减少算法的基本思想是首先将所有的候选点加入解集，然后对比解集中所有的选址点，将对目标函数影响最小的选址点去掉，如此反复进行，直到剩余的选址点只剩下 p 个（对于最大覆盖问题），或再去掉一个选址点，将会有需求点不能覆盖（对于集覆盖问题）。

如果将上文所述的贪婪算法称为简单贪婪算法（Simple Greedy Algorithm，S-Gr），还有两个简单的办法可以将贪婪算法进行改善，一种是随机贪婪算法（Random Greedy Algorithm，R-Gr），另一种是贪婪改善算法（Meliorated Greedy Algorithm，M-Gr）。随机贪婪算法（这里以贪婪相加算法为例）是在每一次贪婪搜索的时候，并不一定以最能改善目标值的选址点进入解集，而是根据对目标改善的大小为概率，随机地选择一个解集外的选址点加入解集中，反复计算多次，选其中最好的解。贪婪改善算法是在简单贪婪算法的基础上通过替代算法、邻域搜索算法、转换算法中的一种或多种对贪婪过程或结果进行改善，使得到的解更加接近最优解。

贪婪算法在选址问题中有很重要的地位：Sviridenko[150]研究了贪婪算法用于 k 个资源约束下的 m 个设施的选址问题，并作了最坏情况分析。Bollapragada和Camm[151]等应用两步贪婪算法解决了通讯网络中使得覆盖的需求期望最大的多种Hub选址问题。

3.1.2　蚁群算法

蚁群算法（Ant Colony Algorithm, ACA）是近几年发展起来的一种模拟昆虫王国中蚂蚁群体智能行为的仿生优化算法，最早由学者Dorigo、Maniezzo和Coloni等人在1991年提出[152]，在1997年以后得到较快发展。

蚁群算法的由来：蚂蚁是地球上最常见、数量最多的昆虫种类之一，常常成群结队地出现在人类的日常生活环境中。这些昆虫的群体生物智能特征，引起了一些学者的注意。意大利学者Dorigo等人在观察蚂蚁的觅食习性时发现，蚂蚁总能找到巢穴与食物源之间的最短路径。经研究发现，蚂蚁的这种群体协作功能是通过一种遗留在其来往路径上的叫做信息素（Pheromone）的挥发性化学物质来进行通信和协调的。化学通信是蚂蚁采取的基本信息交流方式之一，在蚂蚁的生活习性中起着重要的作用。通过对蚂蚁觅食行为的研究，他们发现，整个蚁群就是通过这种信息素进行相互协作，形成正反馈，从而使多个路径上的蚂蚁都逐渐聚集到最短的那条路径上。这样，M.Dorigo等人于1991年首先提出了蚁群算法。

蚁群算法的基本思想为：如果在给定点，一只蚂蚁要在不同的路径中选择，那么，那些被先行蚂蚁大量选择的路径（也就是信息素留存较浓的路径）被选中的概率就更大，较多的信息素意味着较短的路径，也就意味较好的问题回答。蚁群算法具有优良的分布式计算机制、较强的鲁棒性、易于和其他方法相结合等优点，其主要特点就是：通过正反馈、分布式协作来寻找最优路径。

它充分利用了生物蚁群能通过个体间简单的信息传递，搜索从蚁巢至食物间最短路径的集体寻优特征，以及该过程与旅行商问题求解之间的相似性。其最初成功应用于解决著名的旅行商问题（Traveling Salesman Problem，TSP）。现在，对蚁群算法的研究已经从当初的解决TSP问题渗透到多个领域，由解决一维静态优化问题发展到解决多维动态组合问题，由离散范围的研究逐渐拓展到了连续范围的研究，并取得了突破性的研究进展。

基本蚁群算法虽然具有较强的全局寻优能力，但也存在一些缺陷，如相对于其他优化算法，蚁群算法的搜索时间过长，局部搜索能力较差，容易出现停滞现象等，针对以上存在的缺点，许多学者对此提出了很多改进的蚁群算法。

3.1.3 模拟退火算法

作为一种适合于求解大规模的优化问题的技术，模拟退火算法近年来引起了极大的关注。特别是当优化问题有很多局部极值而全局极值又很难求出的情况下，模拟退火算法尤其有效。

模拟退火最早的思想是由N.Metropolis等人[153]于1953年提出，其核心思想与热力学的原理很相似，而且尤其类似于液体流动和结晶以及金属冷却和退火的方式。在高温下，一种液体的大量分子之间进行着相对自由的移动。如果该流体慢慢地冷却下来，热能可动性便会消失。大量原子常常能够自行排列成行，形成一个纯净的晶体，该晶体在各个方向上都被完全有序地排列在几百万倍于单个原子大小的距离之内。对于这个系统来说，晶体状态是能量最低状态;而所有缓慢冷却的系统都可以自然达到这个能量最低状态，这可以说是一个令人惊奇的事实。实际上，如果某种液体金属被迅速冷却或被碎熄，那么它不会达到这一状态，而只能达到一种具有较高能量的多晶状态或非结晶状态。

因此，这一过程的本质在于缓慢地制冷，以争取充足的时间，让大量原子在丧失可动性之前进行重新分布。这就是所谓"退火"在技术上的定义，同时也是确保达到低能量状态所必需的条件。

模拟退火算法可以分解为解空间、目标函数和初始解三部分，其基本步骤如下所示：

（1）初始化：初始温度T（充分大），初始解状态S（是算法迭代的起点），每个T值的迭代次数为L。

（2）对$k=1$，……，L做第3至第6步。

（3）产生新解S'。

（4）计算增量$\Delta t'=C(S')-C(S)$，其中$C(S)$为评价函数。

（5）若$\Delta t'<0$则接受S'作为新的当前解，否则以概率$\exp(-\Delta t'/T)$接受S'作为新的当前解。

（6）如果满足终止条件则输出当前解作为最优解，结束程序。

终止条件通常取为连续若干个新解都没有被接受时终止算法。

（7）T逐渐减少，且$T>0$，然后转第2步。

模拟退火算法的优点是，其求解结果与初始值无关，算法求得的解与初始解状态S（是算法迭代的起点）无关；具有渐近收敛性，已在理论上被证明是一种以概率l收敛于全局最优解的全局优化算法；具有并行性。

国内引进模拟退火算法的历史较短，相比于蚁群算法等所进行的研究也不是很多，而且大多数都是关于模拟退火在工程等方面的实际应用以及考察算法的实际效果和效率，较少对其理论性有深入的研究。模拟退火算法有其在寻找全局极小方面的优越性，但也存在着收敛速度较慢的缺点。

3.1.4　禁忌搜索算法

禁忌（Tabu Search）算法是一种亚启发式随机搜索算法，从一个初始可行解出发，选择一系列的特定搜索方向（移动）作为试探，选择实现让特定的目标函数值变化最多的移动。为了避免陷入局部最优解，TS搜索中采用了一种灵活的"记忆"技术，对已经进行的优化过程进行记录和选择，指导下一步的搜索方向。

禁忌搜索的思想最早是由Glover等人[154]在1985年提出的，并由Glover在1989年[155]和1990年[156]对该方法作出了进一步的定义和发展。迄今为止，TS算法在组合优化、生产调度、机器学习、电路设计和神经网络等领域取得了很大的成功，近年来又在函数全局优化方面得到较多的研究，并仍有发展的趋势。

简单TS算法的基本思想是：给定一个当前解（初始解）和一种邻域，然后在当前解的邻域中确定若干候选解;若最佳候选解对应的目标值优于"best so far"状态，则忽视其禁忌特性，替代当前解和"best so far"状态，并将相应的对象加入禁忌表，同时修改禁忌表中各对象的任期；若不存在上述候选解，则在候选解中选择非禁忌的最佳状态为新的当前解，无视它与当前解的优劣，同时将相应的对象加入禁忌表，修改禁忌表中各对象的任期；重复上述迭代过程，直至满足停止准则。

TS算法是通过引入一个灵活的存储结构和相应的禁忌准则来避免迂回搜索，并通过藐视准则来赦免一些被禁忌的优良状态，进而保证多样化的有效探索以最终实现全局优化。

由于该方法属于一种新的优化方法，其框架灵活，通用性强，故而有着十分诱人的应用前景。因该方法提出时间不长，故其理论体系尚不完善，需要进一步加以研究，其应用领域也正在拓宽。目前，国内外学者已经认识到此方法的重要性，并形成一个研究热点，且正在开展着与其他智能优化技术，如模糊系统、神经网络、群智能、免疫计算等相互融合的研究。

3.1.5　拉格朗日松弛算法

拉格朗日松弛方法的基本原理是：将造成问题难的约束吸收到目标函数中，并使得目标函数仍保持线性，使得问题容易求解。一些组合优化问题是NP难，除非$P=NP$，否则在现有的约束条件下不存在求最优解的多项式时间算法。但在原有的问题中减少一些约束后，求解问题的难度就大大地减少，使得减少一些约束后的问题在多项式时间内求得最优解。由此，将这些减少的约束称为难约束。对于整数规划问题，将难约束吸收到目标函数后，问题又变得容易求解。这时解的质量完全依赖于吸收到目标函数时所选取的参数。

常用的拉格朗日松弛算法的算法架构图如图3-1所示。

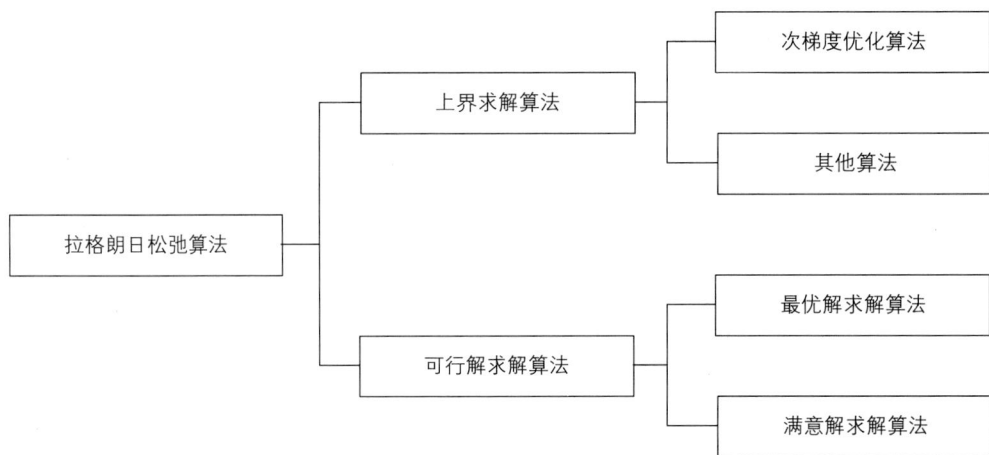

图3-1 拉格朗日松弛算法的算法架构图

本节仅以整数规划为基础进行说明，整数规划的基本数学模型为

$$Z_{LP} = \min c^T x$$
$$s.t. \quad \begin{matrix} Ax \geqslant b \\ x \in R_+^n \end{matrix} \qquad (3\text{-}1)$$

其中，决策变量x为n维列向量；c为n维列向量；A为$m \times n$矩阵；b为m维列向量；系数c、A和b取整数；R_+^n表示非负整数集合。

针对NP难的选址优化问题，为了适合拉格朗日松弛方法的讨论，将整数规划问题IP描述为：

$$IP: \quad Z_{IP} = \min c^T x$$
$$Ax \geqslant b（难约束）$$
$$s.t. \quad Bx \geqslant d（简单约束） \qquad (3\text{-}2)$$
$$x \in Z_+^n$$

其中，(A,b)为$m \times (n+1)$整数矩阵；(B,d)为$l \times (n+1)$整数矩阵。记IP的可行解区域为：

$$S = \{x \in Z_+^n \mid Ax \geqslant b, Bx \geqslant d\} \qquad (3\text{-}3)$$

在IP模型中，$Ax \geqslant b$为复杂约束的名称来自于：如果将该项约束去掉，则IP可以在多项式时间求到最优解，即假定：

$$\min c^T x$$
$$s.t. \quad Bx \geq d \text{（简单约束）} \tag{3-4}$$
$$x \in Z_+^n$$

可在多项式时间内求得最优解。

对给定的$\lambda = (\lambda_1, \lambda_2, \cdots \lambda_m)^T$，IP对$\lambda$的拉格朗日松弛（在不对$\lambda$的取值产生混淆时，简称为LR）定义为：

$$\text{LR:} \quad Z_{LR}(\lambda) = \min\{c^T x + \lambda^T(b - Ax)\}$$
$$Bx \geq d \text{（简单约束）} \tag{3-5}$$
$$x \in Z_+^n$$

LR的可行解区域记为：$S_{LR} = \{x \in Z_+^n \mid Bx \geq d\}$。

关于该松弛算法有一个被广泛认可的定理：LR同式（3-4）有相同的复杂性，且若IP的可行解区域非空，则$\forall \lambda \geq 0, \Rightarrow z_{LR}(\lambda) \leq z_{IP}$。这个定理说明拉格朗日松弛是IP的下界，我们的目的是求与最接近的下界。于是需要求解：

$$\text{(LD)} \quad z_{LD} = \max_{\lambda \geq 0}\{z_{LR}(\lambda)\} \tag{3-6}$$

问题LD称为IP的拉格朗日对偶。

拉格朗日松弛启发式算法主要包含两个部分：第一部分就是拉格朗日的次梯度优化计算。由于第一部分得到的LR的解不一定为IP的可行解；第二部分就是对第一部分得到的解可行化。

拉格朗日松弛启发式算法总结为：

第一阶段：次梯度优化。由启发式算法的特性，次梯度优化时不一定要求得到Z_{LD}，这样有很多基于次梯度优化的启发式方法。

第二阶段：可行化。在LR的解不可行时，对其可行化。

系数修正法就是拉格朗日松弛启发式算法的一种形式。在给以λ^0后，类似次梯度优化算法，系统地调整拉格朗日系数，以改进LR的下界。这一方法的优点是计算量较次梯度优化少且每一步使LR的下界上升。它的缺点是所得的下界可能比较差，修正的方法依赖于问题本身。

用算法表示为：

STEP1：初始化，$\lambda^0, t=0$；

STEP2：计算$Z_{LR}(\lambda^t)$；

STEP3：若所有行被覆盖，停止计算；否则，记$S_i = 1$表示第i行没有被覆盖，在没有被覆盖的行中任选一个行k，计算$\delta_k = \min\{d_j \mid a_{kj} = 1, s_k = 1\}$，其中$d_j = c_j - \sum_{l=1}^{m} \lambda^l a_{lj}$；

STEP4：$\lambda_i^{t+1} = \begin{cases} \lambda_k^t + \delta_k & i = k \\ \lambda_k^t & i \neq k \end{cases}$ $t=t+1$，返回STEP2。

3.1.6 各算法对比分析

以上5种都为启发式算法，各自有各自的特点：

贪婪算法中Dijkstra的单源最短路径和Chvatal的贪心集合覆盖启发式等算法应用广泛，该算法不是对所有问题都能得到整体最优解，但对范围相当广泛的许多问题它能产生整体最优解或者是整体最优解的近似解；蚂蚁算法是群体智能可用于解决其他组合优化问题，比如有n个城市，需要求解对所有n个城市进行访问且只访问一次的最短距离；模拟退火算法在迭代的过程中不但能够接受使目标函数向好的方向前进的解，而且能够在一定限度内接受使目标函数恶化的解，这使得算法能够有效地跳出局部极小的陷阱；禁忌搜索是对人类思维过程本身的一种模拟，它通过对一些局部最优解的禁忌（也可以说是记忆）达到接纳一部分较差解，从而跳出局部搜索的目的；而拉格朗日松弛算法不仅可以通过求解问题上界（对于最大化问题）来评价其他算法的优劣，还可以与其他算法结合，构造求解整数规划问题可行解的高效算法。

图3-2给出了这些算法的目标值同最优目标值关系的示意图。

评价算法好坏的一个标准是考察它所计算的目标值同最优目标值的差别。由于组合优化问题的难度，求解最优值有时是非常困难的。解决这个难点的一个有效方法是通过计算下界，用上界和下界的差来评价算法。

拉格朗日（Lagrange）松弛算法就是求解下界的一种方法，由于拉格朗日松弛算法的实现比较简单和有比较好的性质，它不仅可以用来评价算法的效果，同时可以用在其他算法中，以提高算法的效率。所以本书采用拉格朗日（Lagrange）松弛算法，制定符合IR-UFL模型特点的求解方法。

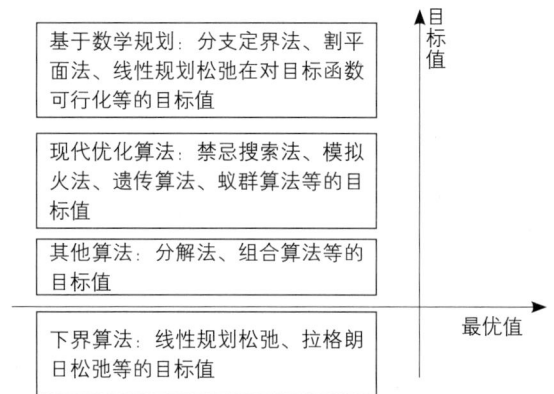

图3-2 不同算法的目标值同最优值关系

3.2 下界的求解

3.2.1 松弛模型

根据上文拉格朗日松弛算法的计算步骤，我们首先对下界进行求解：对约束条件式（2-9）进行松弛，并利用非负的拉格朗日乘数 $\lambda := \{\lambda_{ij}\}_{i \in I, j \in J}$ 将其添加到目标函数式（2-7）

中，得到了松弛后的模型如下：

（IP-LRλ）

$$Z(\lambda) = \min_{X,X',Y} \sum_{j \in J} \left(f_j - \sum_{i \in I} \lambda_{ij} \right) y_j +$$

$$\sum_{i \in I} \left\{ d_i c_{ij_0} x_{ij_0} + \sum_{j \in J} (d_i c_{ij} + \lambda_{ij}) x_{ij} + \sum_{r=2}^{R} \sum_{j \in J} \left[d_i q^{r-1} c_{ijj_0 r} x_{ijj_0 r} + \sum_{j' \in \mathcal{N}\{j\}} (d_i q^{r-1} c_{ijj'r} + \lambda_{ij}) x_{ijj'r} \right] \right\} \quad （3-7）$$

约束条件为式（2-8）、式（2-10）~式（2-15）。

除此之外，由于松弛了约束条件，为了确保在所有等级中，每个实际建设的设备 j 只能服务顾客 i 一次，必须新增一个约束条件如下：

$$x_{ij} + \sum_{r=2}^{R} \sum_{j' \in J_j^+} x_{ij'jr} \leqslant 1, \ \forall i \in I, \ j \in J \quad （3-8）$$

给定任何一个非负的拉格朗日乘数 λ，模型 IP-LRλ 得出的最优解是初始 IP 模型（IR-UFL 模型）的可行解。需要指出的是，由于我们松弛了约束条件式（2-9），决策变量 Y 已经与其他变量不再挂钩，包括在 IP-LRλ 的目标函数式（3-7）和相应的约束条件中，都处于一个相对独立的位置。

3.2.2 模型分解

模型 IP-LRλ 可以分解为两组相对独立的子问题，第一组只包含一个子问题，是关于决策变量 Y 的：

$$Z^Y(\lambda) = \min_Y \sum_{j \in J} \left(f_j - \sum_{i \in I} \lambda_{ij} \right) y_j \quad （3-9）$$

$$\text{st.} \quad y_j \in \{0,1\}, \ \forall j \in J \quad （3-10）$$

若我们设置当系数 $f_j - \sum_{i \in I} \lambda_{ij} < 0$ 时，$y_j=1$；否则 $y_j=0$，那么子问题是很容易求解的，并且解决该子问题的时间复杂度只有 $O(|I\|J|)$。

第二组则包含 $|I|$ 个子问题，每一个子问题都与 $i \in I$ 相关，同时，由于 $c_{ij_0 j_0 r} = 0$，所以将与该参数相关的都被直接省略掉，得到模型如下：

$$Z_i^X(\lambda) := \min_{X,X'} d_i c_{ij_0} x_{ij_0} + \sum_{j \in J} (d_i c_{ij} + \lambda_{ij}) x_{ij}$$

$$+ \sum_{r=2}^{R} \sum_{j \in J} \left[d_i q^{r-1} c_{ijj_0 r} x_{ijj_0 r} + \sum_{j' \in \mathcal{N}\{j\}} (d_i q^{r-1} c_{ijj'r} + \lambda_{ij}) x_{ijj'r} \right], \forall i \in I \quad （3-11）$$

约束条件分别为式（2-8）、式（2-10）~式（2-14）和式（3-8）。

当 R 很小的时候，我们可以用枚举法来求解问题 $Z_i^X(\lambda)$：将所有可能的设施访问次序 $\{j_i^1, j_i^2, j^{r-1}\} \in \overline{J}^{R-1}$ 全部列举出来，并且计算每种可能会产生的目标值，选出值最小的访问次序，即为该问题的最优解。这种枚举法的求解时间复杂度是 $O(C_{|J|}^R R |J|^2)$。

但是当 R 比较大时，该问题本质上已经成为一个NP-hard的时间依赖型旅行商问题，枚举法已经不能有效地进行求解。因此，我们提出了两种可选择的方案来求解问题 $Z_i^x(\lambda)$ 的下界。

第一个可选择的方案是松弛公式（2-13）和公式（2-14）为简单的非负约束，如下所示：

$$0 \leqslant x_{ij} \leqslant 1, \forall i \in I, j \in \overline{J} \tag{3-12}$$

$$0 \leqslant x_{ijj'r} \leqslant 1, \forall i \in I, j \in \overline{J}, j' \in J_j^-, r = 2, \cdots R \tag{3-13}$$

此时的 $Z_i^x(\lambda)$ 松弛后模型为，以公式为目标函数，式（2-8）、式（2-10）~式（2~12）、式（3-8）和式（3-12）、式（3-13）为约束条件，我们将这个松弛后的问题用 $Z_i^{x-LP}(\lambda)$ 表示。

第二个可选择的方案就是将问题 $Z_i^x(\lambda)$ 中的约束条件（3-8）直接去掉，我们将这个松弛后的问题用 $Z_i^{x-SP}(\lambda)$ 表示。需要特别指出的是第一种选择方案构建的问题 $Z_i^{x-LP}(\lambda)$ 与第二种选择方案构建的问题 $Z_i^{x-SP}(\lambda)$ 是不相同的。

此时方案二产生的问题 $Z_i^{x-SP}(\lambda)$ 本质上已经成为一个最短路径问题，因为在目标函数（3-11）中每一部分都可以理解为图 3-3 中相应链接的长度。

由于该问题具有非负的路段成本（link cost），所以可以用Dijkstra算法求解该问题，具体求解过程如下。

首先，我们为问题 $Z_i^x(\lambda)$ 构建一个包括 $R+1$ 等级（从等级0开始）的路段表，如图3-3所示。

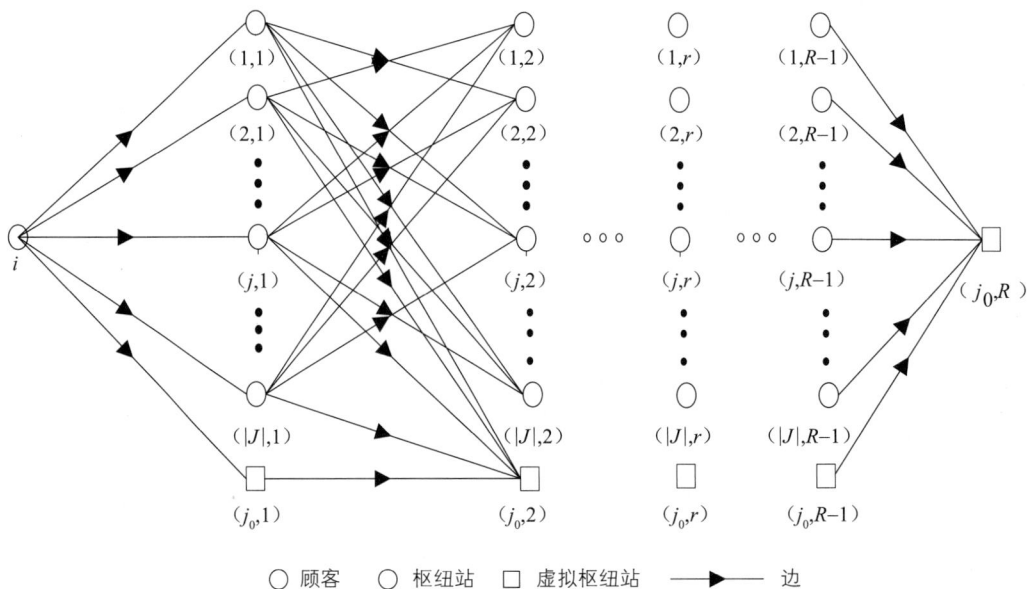

图3-3　最短路算法图示

图3-3中各图标含义如下：

$r=0$时，根节点代指顾客i；每一个分配等级$r=1,\cdots,R$上的多个节点代表该顾客第r等级分配到的节点；在每一个等级$r=1,\cdots,R-1$中，都有$|\overline{J}|$个节点，而节点(j,r)代表节点j是第r等级分配给该顾客的；第R等级只包含一个节点(j_0,r)，意味着每一个顾客在第R等级分配时必须访问虚拟节点。

$r=1$时，可以看到节点i与等级一中所有的节点都有直接的连接边，说明在第一等级时，顾客可以访问$\overline{J}$中任何节点；同时，从顾客i到达节点$(j\in J,1)$的连接边费用为$(d_iC_{ij}+\lambda_{ij})$，而连接顾客i和虚拟节点$(j_0,1)$的边的费用为$d_ic_{ij_0}$。

$r=2,\cdots,R$时，节点$(j\in\overline{J},r-1)$是与节点$(j'\in J_j^-,r)$相连的，特别的是，当$r=R$时，连接点变为(j_0,R)；这代表该顾客在分配等级$r-1$中访问了节点j，那么他在分配等级r中，可以访问的是J_j^-里的节点；此时从节点$(j,r-1)$到节点$(j'\in J\backslash\{j\},r)$的连接边费用为$(d_iq^{r-1}c_{ijj'r}+\lambda_{ij})$，类似的，$(j,r-1)$和$(j_0,1)$的连接边费用为$d_iq^{r-1}c_{ijj_0r}$。

我们将第r等级上的所有节点定义为集合$N_r,\forall r=0,\cdots,R$，将所有从第$r-1$等级到第r等级上的所有边定义为集合$A_r,\forall r=1,\cdots R$；此时可以用集合N来定义图3-3中所有的节点，即$N=\{N_r\}_{r=0,\cdots,R}$，用集合A来定义图中所有的边，即$A=\{A_r\}_{r=1,\cdots,R}$。对任何一个节点n，$n\in N_r,\forall r=1,\cdots R$，可以将第$r-1$分配等级中与该节点$n$相连的节点集合定义为$N_{r-1}^{n+}$。对每一条连接$n$和$n'$的边$(n',n)\in A$，我们将其费用定义为$a_{n'n}$。

然后，此时的问题$Z_i^{X-SP}(\lambda)$已经可以用一种特殊的Dijkstra算法来进行求解。

求解的基本思路为：在每一个分配等级$r=1,\cdots,R$上，对每一个节点$n\in N_r$，计算$v_n:=\min_{n'\in N^{n+}}\{v_{n'}+a_{n'n}\}$，并且令$P_n:=\arg\min_{n'\in N^{n+}}\{v_{n'}+a_{n'n}\}$（一个可以随时断开的联系）。

此时的$Z_i^{X-SP}(\lambda)$的最优值与$v_{(j_0,R)}$是相同的，并且变量X,X'可以用以下的步骤反复追溯最短的路径来进行求解。

第一步：令$n:=(j_0,R)$，$r:=R$。

第二步：将$n=(j'',r)$和$P_n=(j',r-1)$分解，令$x_{ij'i''r}=1$，$x_{ijj'r}=0,\forall j\in\overline{J}\backslash\{j\},j'\in\overline{J_i^-}\backslash\{j''\}$。

第三步：如果$r=2$，则令$x_{ij'}=1$，$x_{ij}=0,\forall j\in\overline{J}\backslash\{j'\}$，然后返回到$X,X'$；否则，更新$n:=P_n$和$r:=r-1$，然后返回第二步。

综上所述，完整性约束条件公式（2-13）和公式（2-14）在最短路问题中可以被线性化，$Z_i^{X-SP}(\lambda)$也可以为$Z_i^{X-LP}(\lambda)$求解出下界值，因此我们可以得到下式：

$$Z_i^{X-SP}(\lambda)\leqslant Z_i^{X-LP}(\lambda)\leqslant Z_i^X(\lambda),\forall i\in I \tag{3-14}$$

在对子问题式（3-9）和式（3-11）分别进行求解后，对给定的λ，我们可以得到松弛问题的最优目标值为：

$$Z(\lambda):=Z^y(\lambda)+\sum_{i\in I}Z_i^X(\lambda) \tag{3-15}$$

根据拉格朗日松弛的对偶性[157]，上式可以作为初始目标Z最优解的下界。

如果可以求解出$Z_i^{X-\text{LP}}(\lambda)$或者$Z_i^{X-\text{SP}}(\lambda)$，那么我们可以将下界分别表示为：

$$Z^{\text{LP}}(\lambda) := Z^Y(\lambda) + \sum_{i\in I} Z_i^{X-\text{LP}}(\lambda) \tag{3-16}$$

或者

$$Z^{\text{SP}}(\lambda) := Z^Y(\lambda) + \sum_{i\in I} Z_i^{X-\text{SP}}(\lambda) \tag{3-17}$$

3.3 上界的求解

正如我们前文所述，松弛子问题（3-9）的最优解是初始问题（2-7）的可行解，若将此可行解带入初始的IP模型，并得到了完全相同的目标值，那么，说明该可行解正是IR-UFL模型的最优解。否则，我们只能用某些启发式算法来构建一个可行解，即，对IR-UFL模型的上界进行求解。

首先，我们采用一个直观的办法，将X和X'的值固定，然后更新Y的值，如下所示：

$$y_j = \max\left\{x_{ij}, \sum_{j'\in J_j^+} x_{ij'jr}, \forall i\in I, r=2,\cdots,R\right\}, \forall j\in J \tag{3-18}$$

上式求解的时间复杂度为$O(|I\|J\|R|)$，效率相对较高，但是由于X和X'的取值十分分散，可能会建设过多的节点，导致系统总成本过高。

但是，如果我们从相反的角度来处理这些变量，可以得到一种能产生较好可行解的启发式算法，即将决策变量Y固定来求解X和X'。

我们将根据Y确定的已经建设好的节点集合定义为$J^*=\{j|y_j=1,\forall j\in J\}$，要获得其他变量的可行解，就必须求解$Z_i^X(\lambda)$的子问题：

$$\overline{Z}_i^X(\lambda) := \min_{X,X'} \sum_{j\in J^*} d_i c_{ij} x_{ij} + \sum_{r=2}^{R}\sum_{j\in J}\left[\sum_{j'\in J\setminus\{j\}} d_i q^{r-1} c_{ijj'r} x_{ijj'r}\right] \tag{3-19}$$

约束条件为式（2-8）~式（2-15），变量Y则固定于$Z^Y(\lambda)$的解决方案。

与求解下界时相同，当R很小的时候，我们可以用枚举法求解$\overline{Z}_i^X(\lambda)$，其求解时间复杂度为$O(C_{|J|}^R R|J^*|)$。当$R$相对较大时，我们将利用基于最短路径的启发式算法对$\overline{Z}_i^X(\lambda)$进行求解，并得到一个近似最优解的可行解$\overline{Z}_i^{X-\text{SP}}(\lambda)$，具体算法详述如下。

这个启发式算法也要借助于图3-3所构建的拓扑结构图，但是略有不同的是该拓扑结构中只保留了被选择建设的节点，即与$J^*\cup\{j_0\}$相关的节点，那些没有被选择建设，或者表示为$J\setminus J^*$的节点将不再显示在该拓扑结构中。另外一个不同点在于边的费用公式：从顾客i到每一个节点$(j\in J^*\cup\{j_0\},1)$的费用是$d_i c_{ij}$，从节点$(j,r-1)$到另一个节点$(j'\in J_j^-,r)$的费用是$d_i q^{r-1} c_{ijj'r}$。

在该启发式算法中，大部分的符号都与求下界时相同。另外，我们将顾客i在访问节点n之前访问过的所有节点集合定义为S_n；初始化的$S_n = \emptyset$适用于任何节点$n \in N$。那么问题$\overline{Z}_i^{X-SP}(\lambda)$的近似最优解可以用下面的改良后Dijkstra算法来求解：

第一步：令$n := (i,0)$，$v_n := 0$，并且$r := 1$。

第二步：将节点(j_0,r)简化为j_0^r，对每一个节点$n \in N \setminus \{j_0^r\}$，我们将计算$v_n := \min_{n' \in N^{n+}} \{v_{n'} + a_{n'n} | n \in S_n\}$和$P_n := \arg\min_{n' \in N} \{v_{n'} + a_{n'n} | n \notin S_n\}$（可随意断开的连接）；添加节点$P_n$和集合$S_n := S_{P_n} \cup \{p_n\}$；对节点$j_0^r$，我们可以再一次计算$v_{j_0^r} := \min_{n' \in N^{j_0^r+}} \{v_{n'} + a_{n'j_0^r}\}$和$P_{j_0^r} := \arg\min_{n' \in N^{j_0^r+}} \{v_{n'} + a_{n'j_0^r}\}$（可随意断开的连接）；修正$r := r+1$。

第三步：如果$r = R$，将$v_{(j_0,R)}$视为$\overline{Z}_i^{X-SP}(\lambda)$的近似最优目标；否则，返回第二步。

同样的，变量X和X'可以利用求解下界时用到的三步跟踪算法求解。

综上所述，我们得到一组可行解$\{X, X', Y\}$，将之返回初始IP模型，可以得到一组可行解，该可行解即为最优目标值的上界：如果此时每一个$\overline{Z}_i^X(\lambda)$都得到了精确的最优解，那么此时的上界被定义为$\overline{Z}(\lambda)$；如果只用到了$\overline{Z}_i^{X-SP}(\lambda)$的次优解，那么此时的上界被定义为$\overline{Z}^{SP}(\lambda)$。

3.4 拉格朗日乘数的确定

上文分别给出了求解上下界的方法，如果我们得到相同目标值，那么说明相应的可行解就是最优解；否则，我们将根据当前松弛解和可行解的差距，反复地迭代乘数λ_{ij}，来试图寻找一个较好的解决方案和最优目标值。

寻找一个好的乘数初始集，可以明显提高求解效率，经过不同的初始值测试，我们发现$\{\lambda_{ij} = [f_j/|I| + 0.5]\}_{i \in I, j \in J}$时的算法表现最好。

然后我们将用次梯度算法来对初始值进行：

在每一个迭代步k中，将乘数$\lambda^k = \{\lambda_{ij}^k\}$迭代为$\lambda^{k+1} = \{\lambda_{ij}^{k+1}\}$，然后进入下一个迭代步骤，迭代公式为：

$$\lambda_{ij}^{k+1} = \lambda_{ij}^k + t_{ij}^k \left(x_{ij} + \sum_{r=2}^{R} \sum_{j' \in J_j^+} x_{ij'jr} - y_j \right), \forall i \in I, j \in J \tag{3-20}$$

此时的迭代步长为t_k，

$$t_k = \frac{u_k(UB_k - LB_k)}{\sum_{i \in I} \sum_{j \in J} \left| x_{ij} + \sum_{r=2}^{R} \sum_{j' \in J_j^+} x_{ij'jr} - y_j \right|} \tag{3-21}$$

上式中，UB_k是目前最好的上界；LB_k是在第k个迭代步中得到的下界，因此LB可能是$Z(\lambda^k)$、$Z^{LP}(\lambda)$或者$Z^{SP}(\lambda)$，要看哪一个被采用；在每一个迭代步k中，参数u_k是固定的，初始设定为$0 < u_k \le 2$。如果在连续k步中LB都没有得到优化，那么参数u_k将被更新为$u_k := u_k/\theta$，其中，k是预先制定的常数，例如6；而θ是一个大于1的收缩系数。

需要注意的是，在公式（3-21）的分母中，本书用的是绝对值而不是Fisher[158]推荐的平方形式，因为根据求解类似问题的经验，绝对值的形式可以以更高的效率提供更好的解决方案，Li[118]在其拉格朗日松弛算法中也采用了类似的形式。

这个迭代过程将不停地重复，直到达到下述的任意结束条件：

条件1：优化差值$G_k := UB_k - LB_k/UB_k \le \varepsilon$，此处$\varepsilon$是一个预先指定的误差宽容度，例如0.0005。

条件2：$k < k_{max}$，此处k_{max}是规定的最大迭代次数，例如10^4。

条件3：$u_k \le u_k^{min}$，此处u_k^{min}是规定的u_k最小值，例如10^{-3}。

条件4：求解时间超过最长时间限制T，例如令$T = 1000s$。

事实上，在不同的迭代阶段，本书可能应用不同的算法来获得LB_k和UB_k。例如，刚开始G_k相当大的时候，会采用十分有效但是很宽松的算法来得到上下界，即可以通过计算$Z^{SP}(\lambda^k)$或$Z^{LP}(\lambda^k)$得到LB_k，并且计算$\bar{Z}^{X-SP}(\lambda^k)$得到$UB_k$；随着过于宽松的算法已经不能有效地降低$G_k$，会用一些更严格但是比较耗时的算法，进一步地降低优化差值，即可以用枚举法来求解$Z(\lambda^k)$和$\bar{Z}(\lambda^k)$分别作为LB_k和UB_k的值。

3.5　本章小结

为了能够更好地对IR-UFL模型进行求解，本章构建了基于拉格朗日松弛算法的求解方法。在对常用的求解算法进行对比分析的基础上，本章采用了最适用于IR-UFL模型的拉格朗日松弛算法进行求解：通过引入拉格朗日乘数λ，将第2章构建的整数规划模型（IP模型）的约束条件（2-9）松弛，得到松弛后的模型IP-LRλ模型；利用求解IP-LRλ模型得到下界的临界值；并利用改良后Dijkstra算法求解上界；利用乘数变换进行迭代，得到符合最优误差的优化方案。

通过第5章的案例分析证明，本章构建的求解方法虽然只是求得次优解，却可以在合理的时间内，得到具有较好的最优误差的优化结果，具有较高的科学性和实用性。

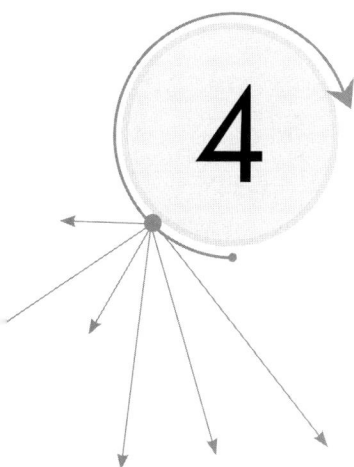

4 IR-UFL模型的案例分析

本章将以第3章提出的IR-UFL模型为依据，对一组实例数据进行模型验证，并进行了敏感度分析，得出的结论对优化节点布局具有一定的借鉴意义，从而证明了IR-UFL模型的有效性和适用性。

本章首先将简要介绍该实例数据的来源和构成；然后对比应用拉格朗日松弛算法与几个常用商业软件的求解表现，包括求解时间和函数目标值等；第三部分讨论了不同的参数设置对优化策略的影响，并且对比了完全与有限信息下对最终的优化策略造成的影响；最后对模型的参数进行了敏感度分析，观察不同参数变化对系统目标函数值的影响。

4.1 案例设计

由于IR-UFL模型的访问路径与以往的选址模型访问路径完全不同，因此在设计案例分析时，必须寻找可以与以往模型相同或类似的应用案例，从而确保IR-UFL模型的科学性和适用性。但是国内对交通运输节点的可靠性选址模型研究比较薄弱，更没有基于有限信息下的可靠性选址模型研究，几乎没有人对此进行过深入探讨。因此，迫不得已之下，本书只能选用在通用选址模型中常使用的一组案例：该案例以美国的大型城市作为后备选址点，以人口数量的比例值作为顾客的需求量，从1995年Daskin写的书中就开始使用该案例，后续被各学者广泛应用，便于不同模型直接进行对比分析。

4.1.1 数据来源

该案例包含4组数据，每组数据都包含一定数目的点，而这些点不仅仅是为建设设施而提供的候选位置，同时也是乘客所在地的位置，其实这一点假设也比较符合交通运输节点的现实情况：乘客可以选择自身所在地（距自己交通成本最低）的节点获取交通运输服务。

案例中前两组数据来源于美国1990年的人口和住房普查数据：第一组数据为49对点数据（以下简称49对点），包含了美国48个州的首府和华盛顿特区；第二组数据为88对点数据（以下简称88对点），包含了美国人口最稠密的50个城市和48个州的首府（去掉重复的城市）；第三组数据为150对点数据（以下简称150对点），包含了美国最大的150个城市，数据来源于美国2000年人口和住房普查数据；最后一组数据是75对点数据（以下简称75对点），则是美国阿肯色州的75个县，数据来源于2010年该州的人口和住房普查数据①。本章的目的就是在有限信息的假设下，在这些不同的城市中选择适宜的城市来建设交通运输节点，使得在满足乘客要求的前提下，以最小的总成本获得最优的服务表现。

这四组数据中，前两组是与1995年Daskin的书中采取了完全一致的数据，便于不同模型之间进行对比；第三组数据是为了检测IR-UFL模型是否能够处理较大数据量的案例；前三组都是国家级别的数据，为了检测该模型是否能够处理较小地理范围的数据，本章特别增加了阿肯色州的75个县的数据。为了在图表中符合常规排序，本书在讨论四组数据时，将依次讨论49对点、75对点、88对点和150对点。

4.1.2 数据处理

对数据的处理过程基本延续Snyder的思路：假设顾客需求与当地的人口数量正相关，为消除不同城市人口数量级上的差别，将顾客需求d_i分别进行处理，49对点的d_i为49个城市的人口数目除以10^5，75对点的d_i为75个县的人口数目②除以10^3，88对点和150对点的d_i分别为88个和150个城市的人口数目除以10^4。这里需要说明的是，本书对顾客需求保留了小数，并没有进行保留整数的处理，是因为这样可以将需求近似为连续量，更加符合现实。

在本案例中，四组数据都将采用每个城市（或县）j的房屋中位价（Median Home Value）来代表固定建设成本f_j；单位需求量的交通成本c_{ij}与顾客i到位置j的距离相关，相关系数，即运输费率设为e，因此单位交通成本$c_{ij'}$可以简单用e乘以从位置j到位置j'的距离得到。

本书采用的实际数据是位于美国区域内的各大城市，因此可以用大圆距离公式来计算不同地点之间的距离，所谓大圆距离解释如下：

地球是一个近乎标准的椭球体，它的赤道半径为6378.140km，极半径为6356.755km，平均半径为6371.004km。如果假设地球是一个完美的球体，那么它的半径就是地球的平均半

---

① 数据来源：http://www.city-data.com.

② 数据来源：U.S. Census Bureau, Population Division http://www.census.gov/.

径，记为R。如果以0°经线为基准，那么根据地球表面任意两点的经纬度就可以计算出这两点间的地表距离（这里忽略地球表面地形对计算带来的误差，仅仅是理论上的估算值）。

设第一点A的经纬度为（LonA, LatA），第二点B的经纬度为（LonB, LatB），按照0°经线的基准，东经取经度的正值（Longitude），西经取经度负值（-Longitude），北纬取90-纬度值（90-Latitude），南纬取90+纬度值（90+Latitude），则经过上述处理过后的两点被计为（MLonA, MLatA）和（MLonB, MLatB）。那么根据三角推导，可以得到计算两点距离的如下公式：

C＝sin（MLatA）• sin（MLatB）• cos（MLonA-MLonB）＋cos（MLatA）• cos（MLatB）

Distance＝R*Arccos（C）*Pi/180

或者可以直接将两点的经纬度输入某些计算网址[①]，可以直接得到大圆距离值。

同时根据Qureshi等人[159]的研究，考虑到交通路线基本不会直接将两个地点相连，认为两点实际距离应是大圆距离乘以系数1.2，本书最终确定该案例中的交通距离为两地之间的大圆距离乘以系数1.2。

4组数例的原始数据详见附录1。

4.1.3　参数设定

其余参数的默认值设定如下：$\pi = 10^4$，$e = 1$，$R = 5$（关于R取值范围的讨论详见4.4.1节），为了探讨在不同损坏风险下本模型的表现，损坏概率q的取值会在一定范围内变动。

本书用Java语言对第3章提出的拉格朗日松弛算法编制了程序，运行程序的计算机基础设置为：3.10主频的CPU、8.0GB内存和Windows7-x64的操作系统。在拉格朗日松弛算法中的基本参数设定如下：$u_k = 2$，$\theta = 1 + 0.1 \cdot q$，$K = 6$，$\varepsilon = 0.5\%$，$k_{max} = 10000$，$u_k^{min} = 10^{-3}$，$T = 1000\text{s}$；利用$Z_i^{X-SP}(\lambda^k)$得到LB_k，利用$\overline{Z}_i^{X-SP}(\lambda^k)$得到$UB_k$。

4.2　模型性能

本小节将利用上文提出的案例数据，从不同角度对比分析本书构建的模型和提出的算法是否有效，是否可以在合理的时间内得到科学的优化策略。

---

① http://www.ab126.com/Geography/1884.html.

4.2.1 算法对比

为了证明第3章提出的拉格朗日松弛算法（以下简称LR）的有效性，解决优化问题时，采用了软件市场上应用最广泛、效率较高的两种优化软件：CPLEX和Gurobi。

（1）CPLEX与Gurobi软件

1）CPLEX软件

ILOG的Cplex是同时包括求解线性规划、整数规划和某些非线性规划的软件包，将优化业务问题转换为数学模型后，可以用该软件得到优化结果，从而制定精确且合理的决策。它几乎可以解决每个行业的规划和优化计划问题，因此被广泛应用：至今已经有上千家科研机构、企业和政府机构使用该软件，其中不乏世界领先的软件公司，如SAP、Oracle和Sabre等市场领跑者。

CPLEX的主要优点包括：

①性能高

CPLEX软件能够以最快的速度最可靠地实现基本算法，包括线性规划（Linear Programming）、二次方程规划（Quadratic Programming）、二次方程约束规划（Quadratically Constrained Programming）和混合整型规划（Mixed Integer Programming）等问题，为解决实际的大型优化问题提供了可能；除了本身优秀的数学能力外，还结合了多个CPU，即所谓的WebSphere ILOG Parallel CPLEX，因此具有今时今日交互应用程序所需的速度。

②可靠性高

被广泛应用的CPLEX软件每个功能都可以在世界上最大、最多样化的模型库中得到测试，因此该软件的功能可靠性较高，并且可以通过大多数编程环境来访问，真正实现了可移植性，与其他应用程序进行交互，能够提供优化应用程序所需的所有功能和灵活性。

2）Gurobi软件

如果说CPLEX软件是历史悠久的"老牌帝国"，那么由美国Gurobi公司开发的Gurobi软件则是黑马杀出的"新兴美国"。该软件在Decision Tree for Optimization Software 网站的第三方优化器评估中，以较快的优化速度和较高的优化精度，成为当届的出彩点，优化器领域的新翘楚。

Gurobi 主要优点包括：

①技术先进

Gurobi采用了最新的多核处理器优化技术，适用于任何版本，为多种语言提供了方便轻巧的接口，包括C＋＋、Java、Python等。

②普适性

Gurobi可以支持包括Windows、Linux、Mac OS X等多种平台运行；内存消耗少；还支持

AMPL、GAMS、AIMMS、Tomlab和Windows Solver Foundation等建模环境；并且与Matlab也有便捷接口。

③版本单一

Gurobi的开发版本即是发布版本，所以程序的转移十分便捷。

还有需要特别提出的一点是，该软件为学校教师和学生提供了免费版本，并且免费版本与正常版本的功能完全一致，因此非常适合在高等院校和科研院所等机构进行大范围推广。

综上所述，CPLEX软件和Gurobi软件是现在第三方软件市场上最具有竞争力的两个软件，以下的案例分析对比可以得出本书构建的IR-UFL模型和拉格朗日松弛算法是否可以有效地解决现实问题。

（2）算法结果对比

为了获得更好的优化结果，本书选用了可以获得的最高版本软件，分别是12.5.1版本[①]的CPLEX软件和5.6.2版本[②]的Gurobi软件，应用这些商业软件时，都采用它们的默认设置，而损害概率q的取值分别为 0.001、0.03、0.2和0.5。

根据4.1节中设计的案例和参数设置，最终运行结果见表4-1。

算法对比　　　　　　　　　　　　　　　　表4-1

实例数据	q	求解时间（s）			最优误差		
		LR	CPLEX	Gurobi	LR	CPLEX	Gurobi
49对点	0.001	6.7	6.5	6.4	<0.5%	<0.5%	<0.5%
75对点	0.001	45.2	37.9	32.5	<0.5%	<0.5%	<0.5%
88对点	0.001	63.1	377.6	33.9	<0.5%	<0.5%	<0.5%
150对点	0.001	382.5	>1000	>1000	<0.5%	NA	NA
49对点	0.03	9.1	9.2	13.6	<0.5%	<0.5%	<0.5%
75对点	0.03	43.6	125.4	61.1	<0.5%	<0.5%	<0.5%
88对点	0.03	39.3	76.5	62.2	<0.5%	<0.5%	<0.5%
150对点	0.03	825.4	>1000	>1000	<0.5%	NA	NA
49对点	0.2	46.1	57.5	73.2	1.61%	0.53%	<0.5%
75对点	0.2	176.7	>1000	>1000	2.43%	23.06%	16.10%
88对点	0.2	316.2	>1000	>1000	3.94%	2.60%	2.67%
150对点	0.2	>1000	>1000	>1000	3.85%	NA	15.70%

① 软件来源：http://www-01.ibm.com/software/commerce/optimization/cplex-optimizer/.

② 软件来源：http://www.gurobi.com/.

续表

实例数据	q	求解时间（s）			最优误差		
		LR	CPLEX	Gurobi	LR	CPLEX	Gurobi
49对点	0.5	20.9	566.8	696.8	2.90%	0.54%	<0.5%
75对点	0.5	96.2	>1000	>1000	1.93%	6.80%	13.25%
88对点	0.5	166.1	>1000	>1000	2.98%	8.89%	7.01%
150对点	0.5	872.2	>1000	>1000	2.48%	NA	NA

从表4-1数据中可以很明显地看出，随着损害概率q的增加，求解时间也随之增加，但是CPLEX软件和Gurobi软件的求解质量恶化速度明显快于LR。

只有LR能够求解出所有的案例数据，可以在一个合理的时间（本书设为1000s）内得到优化差距（optimality gap）小于4%的近似最优解；与此相反的是，无论是CPLEX软件还是Gurobi软件，不仅求解时间较长，而且其结果的优化差距明显大幅度高于LR，甚至在某些案例中，在规定时间内得不到相应的优化结果（用NA表示）；这种情况随着损害概率的增加和案例中数据量的增加而变得更加明显。

当$q=0.001$时，通过对比4组对点数据的优化结果，可以发现当处理较少对点数据时，三种求解方式的结果非常相近，甚至在处理49对点时，LR的时间（6.7s）要略高于CPLEX软件（6.5s）和Gurobi软件（6.4s），但是随着实例数据量的增加，LR的优势逐渐体现：如150对点中，LR只用了382.5s就得出了符合要求的结果，而此时的CPLEX软件和Gurobi软件都已经不能在规定时间内得到有效的优化结果。

这种情况发生的主要原因在于，当损坏概率q非常小的时候，选址模型基本上可以近似理解为没有设施损坏的情况发生，而此时为提高可靠性而设计的备用设施则成为了计算时的冗余，从而阻止了LR算法的高效运行。

随着损坏概率的增加，LR算法的稳定性和高效性逐渐地凸显出来：当损坏概率q变的很大的时候，如$q=0.2$或者$q=0.5$的时候，相当于设施有20%或50%的可能性失效，此时的LR仍然可以在规定时间内得出优化结果，而且该优化差距仍然小于4%，事实上，大部分结果都小于3%；并且当$q=0.5$时，只有LR算法还能对150对点进行求解，而另外两个商业优化软件都已经失效。

与此截然相反的是，随着损坏概率的增加，CPLEX软件和Gurobi软件的表现加速恶化：当$q=0.2$时，Gurobi软件在求解75对点和150对点时的优化差距已经上升到了15%以上，事实上，此时的两种商业软件在求解75对点及其更大数据量的数例时，求解时间已经不能满足1000s设定，CPLEX软件甚至已经不能直接求解出150对点的优化结果；当$q=0.5$时，这两种商业软件在求解75对点和88对点时的优化差距已经增加到6.80%~13.25%，而且此时除了49对点以外，它们的求解时间都不能满足1000s的要求。

综上所述，本书构建的LR算法无论在处理近似无损害案例还是处理高数据值、高损坏率的案例中，都具有相当的可靠性和高效性。一般而言，在求解本书构建的IR-UFL模型时，LR算法明显要好于CPLEX和Gurobi两种商业软件。

4.2.2 边界方法对比

在本章LR算法中，如何确定上界和下界是有多种方法的，本小节将对这些方法进行对比分析，从而得出最佳的确定边界的方法。

边界求解方法对比   表4-2

实例数据	q	求解时间（s）			最优误差（%）		
		SP	SP+LP	SPE	SP-SPE	（SP+LP）-SPE	SPE
49对点	0.001	0.005	2.3	5.0	1.00×10^{-6}	0	0.49
75对点	0.001	0.019	6.3	44.7	0	0	0.49
88对点	0.001	0.036	13.0	82.4	2.00×10^{-6}	0	0.49
150对点	0.001	0.171	2865.2	1315.0	0	0	0.49
49对点	0.03	0.001	2.1	5.1	10.29×10^{-4}	0.63×10^{-4}	0.48
75对点	0.03	0.032	7.8	46.6	0	0	0.49
88对点	0.03	0.031	11.2	79.2	3.30×10^{-5}	0	0.49
150对点	0.03	0.214	2209.8	1223.1	6.00×10^{-5}	0	0.49
49对点	0.2	0.001	1.3	4.1	9.00×10^{-6}	5.00×10^{-6}	1.61
75对点	0.2	0.031	9.3	35.2	1.20×10^{-5}	0.20×10^{-5}	2.43
88对点	0.2	0.046	9.8	80.5	3.10×10^{-5}	1.40×10^{-5}	3.94
150对点	0.2	0.267	350.3	1315.5	5.39×10^{-4}	1.64×10^{-4}	3.85
49对点	0.5	0.008	1.6	4.3	5.80×10^{-5}	3.20×10^{-5}	2.92
75对点	0.5	0.033	10.6	37.3	1.10×10^{-5}	0.20×10^{-5}	1.93
88对点	0.5	0.054	11.6	84.0	3.10×10^{-5}	1.40×10^{-5}	2.98
150对点	0.5	0.276	2695.3	1365.1	1.18×10^{-4}	1.09×10^{-4}	2.49

表4-2中，SP代指求解下界时，每一个迭代中的都使用$Z^{SP}(\lambda^k)$；SP+LP代表求解下界时，除了最后一步迭代中使用$Z^{LP}(\lambda^k)$之外，其他全部迭代都采用$Z^{SP}(\lambda^k)$；但是它们都用$\overline{Z}_i^{X-SP}(\lambda^k)$来计算$UB_k$。SPE则代表除了最后一步迭代中采用枚举法求解上下界之外，前面所有的迭代都用$Z^{SP}(\lambda^k)$和$\overline{Z}_i^{X-SP}(\lambda^k)$来计算。

表4-2中"求解时间"列分别展示了三种不同方法的求解时间，"最优误差"列则是展示不同方法之间上下界的差距百分比。从表中可以看出，所有的误差都是非负的，说明这些结果与公式理论上边界之间的关系相一致。

但是，当注意到SP在求解时间内占据主要地位时，这些区别都变得微不足道了，因此，本书推荐在求解上下界的所有迭代中都只采用SP方法。图4-1就是采用SP方法对不同数据点的案例进行分析。

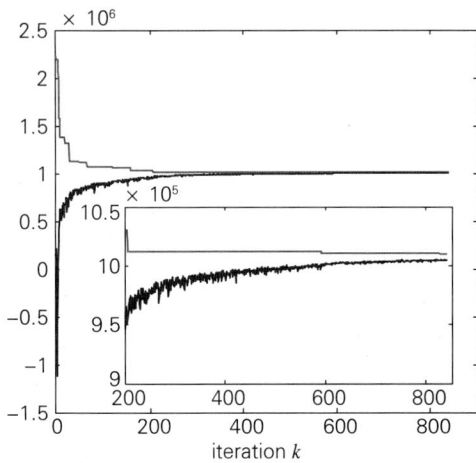

（a）49对点，$q=0.03$

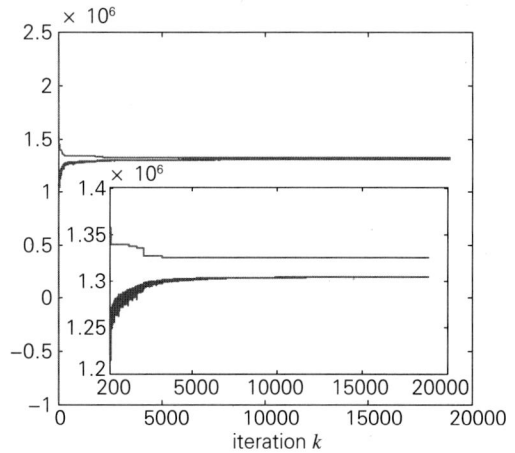

（b）49对点，$q=0.2$

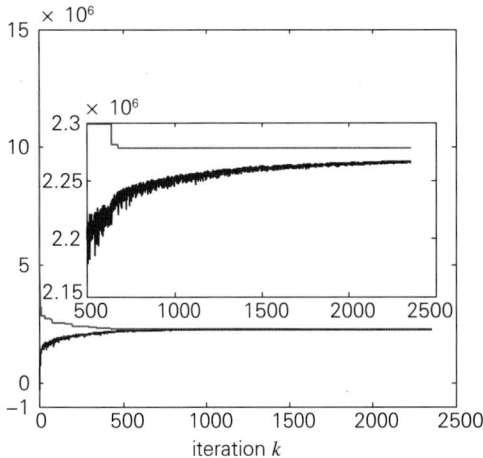

（c）150对点，$q=0.03$

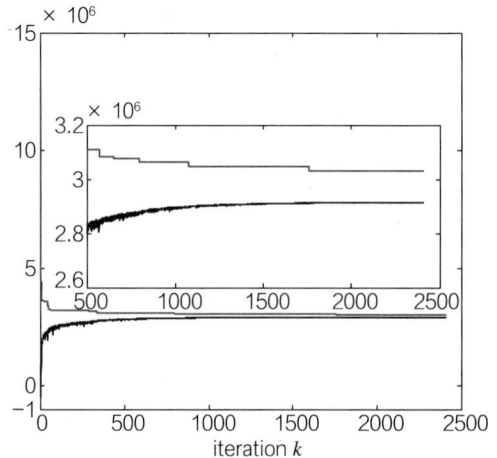

（d）150对点，$q=0.2$

图4-1　不同对点数例的边界趋势

图4-1展示了49对点和150对点的上界和下界的收敛性：即使是不同的对点数例，仍然看以明显看出，初期上下界都接近得十分迅速，例如49对点的前200个迭代步，150对点的前500个迭代步；但是后期的收敛变得缓慢很多。

这一点的隐含意义在于，若减少部分迭代次数，优化结果并没有明显的变差。这个性质是十分有帮助的，特别是对优化结果的精度要求不高，但是对求解时间十分敏感的时候。

4.3 优化布局分析

继上一节对LR算法的性能探讨分析后，本节将分析不同参数设置下交通运输节点的优化布局方案，从而试图得出一些具有实际意义的建议和意见。为了更好地演示结果，以下的分析将以49对点为例进行说明。

4.3.1 q变化时布局

图4-2和图4-3展示了在不同的损坏概率下，完全信息模型和IR-UFL模型分别得出的优化选址位置布局。

图中各图标含义如下：

圆形代表选中建设的设施选址；

三角形代表顾客所在位置；

"实线"箭头代表起点位置的顾客第一等级（$r=1$）的设施分配；

"实线+圆圈"箭头表示起点位置的顾客第二等级（$r=2$）的设施分配。

需要注意的是，由于每个节点的选址点都会有顾客存在，这一点在数据来源说明的时候有表明，所以在每个圆形的位置，同样存在着顾客的分布，其背后隐藏着一个三角形。

（1）$q=0.2$时的布局对比分析

图4-2（a）和图4-2（b）分别代表的是当损坏概率$q=0.2$时，分别处于完全信息和有限信息下的优化选址布局结果对比。

经观察可以发现，此时有限信息模型选择了9个位置来建设，略高于完全信息下建设的8个交通运输节点。发生这种现象的主要原因在于当顾客并不知道节点的运营状态时，相当于增加了整个模型的未知性，即风险度上升，为此必须多建设一些设施来抵抗这种风险，增加系统的鲁棒性和可靠性。

另外一个明显的区别在于，在图4-2（a）中建设的节点明显比图4-2（b）中的要密集，

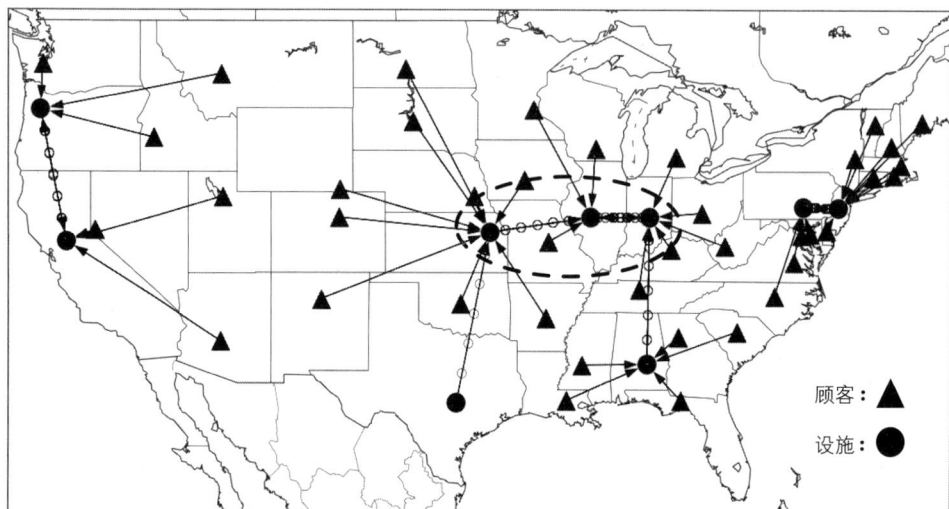

（a）

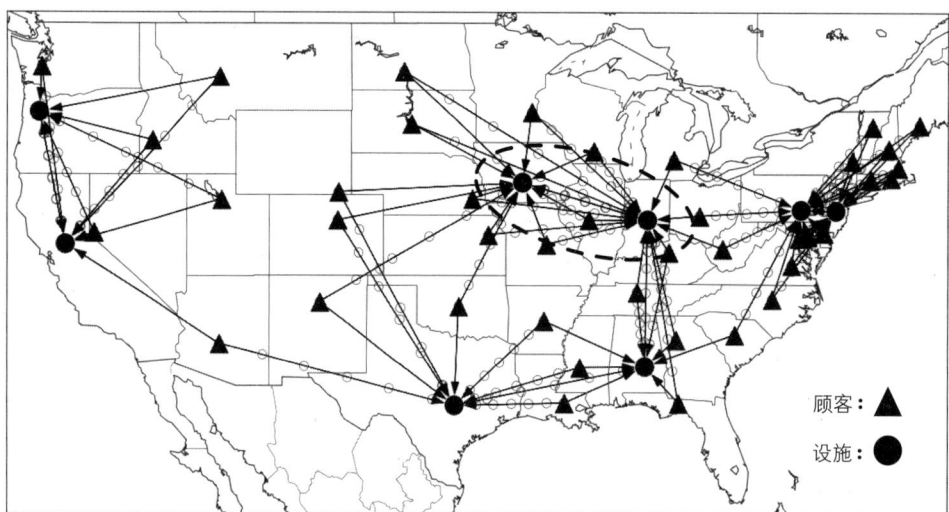

（b）

图4-2　基于完全和有限信息下的优化选址结果对比（q=0.2）

（a）有限信息优化布局（q=0.2）；（b）完全信息优化布局（q=0.2）

如两图中用黑色虚线画出的椭圆形所示，在地图的东北方向，同样的区域内，有限信息模型选了3个位置，而完全信息模型则只选了2个，说明有限信息下优化选址的布局密集度要明显高于完全信息下的选址。

此种现象是由顾客访问路径的不同而决定的：在完全信息下，在任何情况下（节点的损坏与否），顾客都是从自身位置出发，一次性抵达分配给他的节点，无论该节点处于第几个分配等级，其运营成本只与顾客自身位置与节点所在位置之间的距离相关；与此相对的，在有限信息中任何情况下，顾客都不得不采用试错策略，从自身位置出发，逐次访问每一个分配给他的节点，例如当他抵达第一分配等级的节点时，发现该节点已经失效，他必须从当前节点的位置再次出发，访问第二分配等级的节点，如此往复，直至获得服务。因此，其运营成本除了与顾客和节点之间的距离相关，还与各节点之间的距离相关。

因此此时的优化布局是比较有趣的，二者的设施布局和分配策略是完全不同的：在有限信息下，顾客不再是直接分配给离他自身距离最近的节点，而是有可能被分配给离他稍微远一点，但是那个区域却有较多的备用站的交通运输节点，目的在于平衡后期的运营成本，从而得到总体上更加优化的系统成本。

（2）$q=0.4$时的布局对比分析

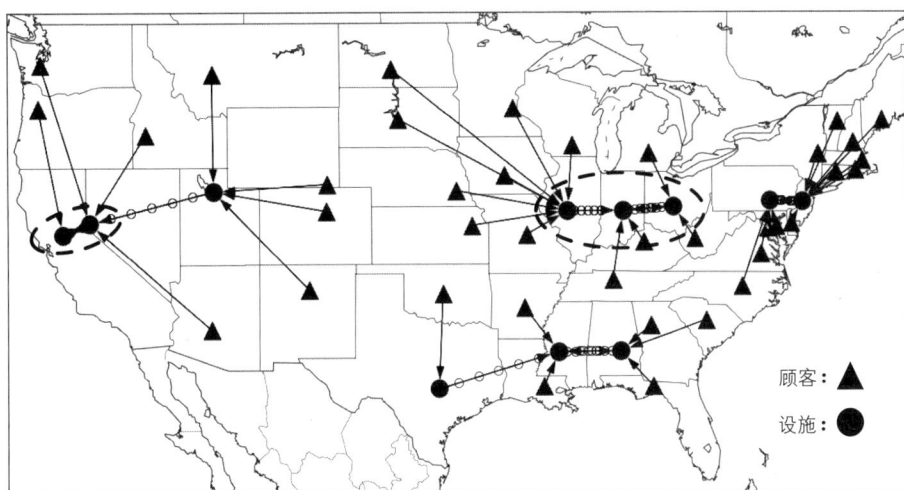

（a）

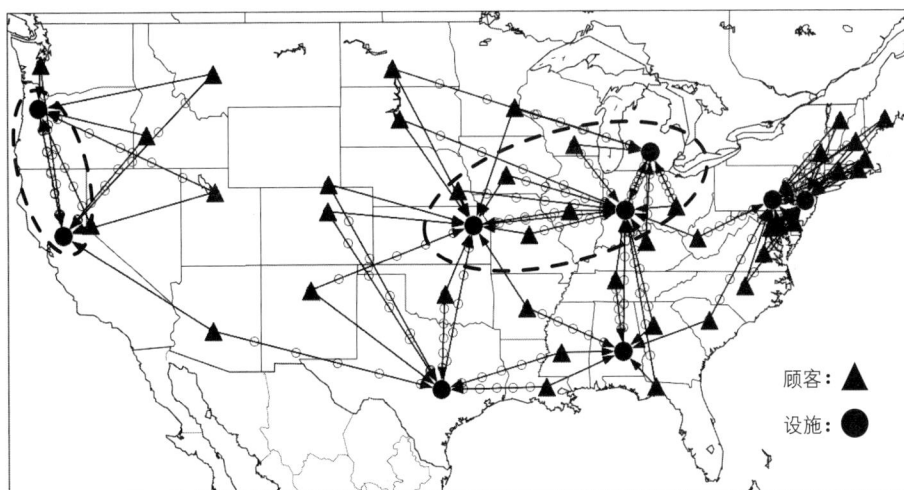

（b）

图4-3　基于完全和有限信息下的优化选址结果对比（$q=0.4$）
（a）有限信息优化布局（$q=0.4$）；（b）完全信息优化布局（$q=0.4$）

图4-3（a）和图4-3（b）分别代表的是当损坏概率q=0.4时，分别处于完全信息和有限信息下的优化选址布局结果对比。从图中可以很明显看出，在分析图4-2中提出的趋势随着损害概率的增加愈加明显。

经观察可以发现，此时有限信息模型建设了11个交通运输节点，已经明显高于完全信息下建设的9个，原因同上。

此时有限信息模型的优化选址布局密集程度更加明显，除了东北方向的密集区域变得更小之外，在西海岸也出现了明显的节点密集区（黑色椭圆），越来越多的顾客被分配到密集区内的节点，即使这些位置并不是离顾客最近的，而不是分配到虽然离顾客自身位置较近，但是远离节点密集区的某一个节点。

正如前文所述，这种密集型的选址布局虽然可能会使访问第一等级的交通成本略有增加，却大大降低了各节点之间的后备等级分配而产生的交通成本，从而总体上有效降低了系统的总交通成本。

总而言之，有限信息下的优化选址布局密集度高于完全信息下的布局，但是这种布局会有效降低在信息不完全时的系统总成本，并且这种趋势随着损坏概率的增加而愈加明显。

4.3.2 π变化时布局

图4-4~图4-8展示了在不同的损坏概率和惩罚费用下，完全信息模型和有限信息模型分别得出的优化选址位置布局。图中各图标含义与图4-3中的基本相同，为了更加清晰地观察选址布局的区别，在图4-4和图4-5中只标注了第一等级分配的访问路线。

（1）q=0，π=10000的优化布局

首先看一下当假设损坏概率为0时的布局分布（图4-4），此时已经完全忽略了节点可能会发生损坏的风险，即，假设在规划期内所有的交通运输节点都将正常工作。由于这个基本假设的改变，此时的模型已经类似于传统的无容量限制设施选址问题（UFLP），每个顾客将总是从一个永远处于有效状态的节点出行，并且只有这一个节点可以为其提供服务。

此时优化布局与Daskin[4]的布局规律（图2-8）基本相同，分别在西海岸、东南角建设了3个节点；并且为人口密集的东北经济圈建设了较多的节点。但是由于有限信息模型中交通费率的设定值较高，e=1.2，导致同等距离本模型的交通费用较高，所以必须建设较多的节点来减少该部分费用，因此本模型选择了6个位置进行选址，比传统UFL模型多建设了一个节点。

为了便于分析在q和π发生变化时优化布局的不同，本书将图4-4视为问题的基准解，其他的布局都将以此为基准进行分析。

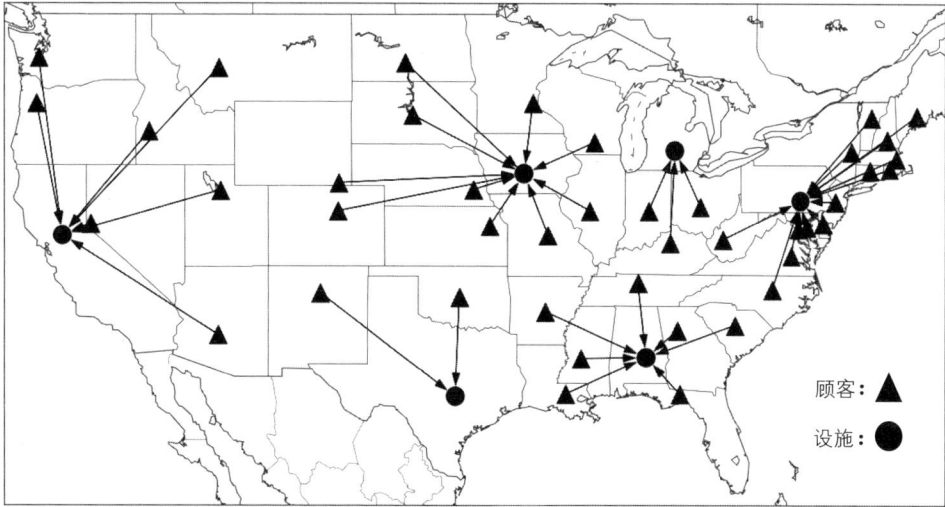

图4-4　$q=0$，$\pi=10000$的优化布局

（2）$q=0.2$，$\pi=10000$的优化布局

　　图4-5中损坏概率增加到了0.2，惩罚费率暂时不变。从图中可以清楚地看出，此时建设的节点从6个变成了9个，增加了3个，即当开始考虑到节点有可能失效的因素时，系统的可靠性得到了极大的挑战，为了抵抗这种不确定性，不得不多建设一些节点，用数量来弥补可能出现的失效情形。这也符合在本书2.6节中的分析，与无损坏传统UFL模型得出的优化布局相比，考虑到失效可能性的优化策略将建设更多的节点来抵抗可能出现的失效情况。

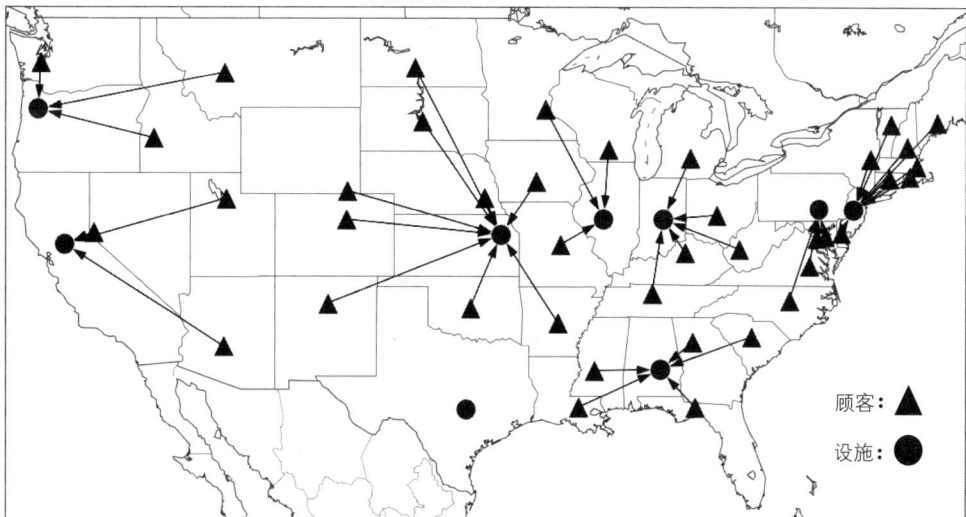

图4-5　$q=0.2$，$\pi=10000$时的优化布局

　　同时，从图中可以看出，新增的节点并不是均匀分布的，而是聚集成群，仍然在图4-4选址点附近的区域，这种布局可以使每个顾客更加方便的同时访问第一和第二等级的节点；这种集聚趋势也与前文4.3.1小节中的分析相符合。

（3）$q=0.4$，$\pi=10000$的优化布局

　　图4-6中损坏概率增加到了0.4，惩罚费率暂时不变。从图中可以清楚地看出，此时建设的节点从9个变成了11个，增加了2个。出现这种情况的主要原因在于：当每个节点的损害概率增大，意味着顾客i到达节点j时，有近一半的可能性不能得到服务，所以必须建设更多的节点，才能维持系统的可靠性和鲁棒性。这样说明了随着损坏概率的增加，集聚趋势变得更加明显。

　　在图4-6~图4-8中，出现了"实线＋三角形"箭头和"实线＋五角星"箭头，它们分别代表起点位置的顾客第三等级（$r=3$）和第四等级（$r=4$）的设施分配，增加分配等级线的目的在于凸显惩罚费率π的影响。图4-6会作为图4-7的基准图，因此该图也增加了第三、四等级的分配线。

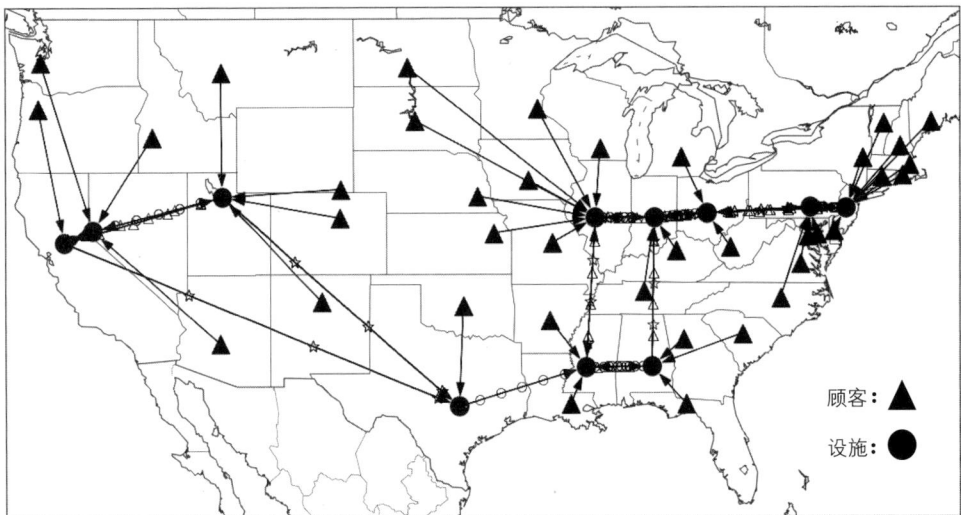

图4-6　$q=0.4$，$\pi=10000$时的优化布局

（4）$q=0.4$，$\pi=1000$的优化布局

　　图4-7的目的是观察惩罚费用降低（从$\pi=10000$到$\pi=1000$）时对节点选址布局的影响，而顾客的惩罚费用可以有不同的含义。

　　本书构建的模型解释为顾客放弃服务时受到的惩罚值，可以认为是顾客放弃出行时可能丢失的收入：例如该顾客放弃了上班的出行，那么他可能会损失当天的工资收入；又或者认为是顾客放弃出行导致心情不好，造成的心理危害值：例如该顾客放弃了逛街的出行，那么他可能会郁郁寡欢，造成一定的精神损害。无论何种形式，当顾客放弃原本的出行服务时，都会受到

一定的损失,这部分损失就是惩罚费用。

但是在图4-7中可以观察到,很多顾客只是访问了他们附近一定范围内的节点,有些甚至一开始就放弃了服务,说明此时这些顾客都认为放弃服务得到的惩罚费用远远低于去寻找服务的成本。这种情况在现实中也比比皆是:比如在某些弹性工作制的企业,并不要求员工每天坐班工作,该名顾客放弃出行的损失就很低,导致运营成本高于惩罚成本,因此顾客将直接放弃寻找,取消出行。在这种情况下,建成的节点多是集中于人口密度很高的区域,因为该区域内顾客需求量大,并且由于位于同一区域,顾客的交通成本很低,可以低于放弃出行的损失,所以吸引顾客出行,同时较大的顾客需求量可以与节点的建设费用相平衡,使系统总成本最优。

从图4-6和图4-7的对比可以看出,随着π的增高,顾客不得不尝试更多的后备节点,试图减少当放弃服务时可能遭受的损失。一般而言,当某一个顾客如果放弃出行会遭受很大的损失时,他将不得不多尝试几个节点,不到万不得已不会放弃出行的计划:例如当他约了一个大客户面谈时,如果他未按时到场会损失价值上亿的订单,那么当他附近的机场失效时,他可能会转移到城市另一个机场,甚至花费很高的交通成本到达另外一个城市的机场,从而避免出现必须放弃出行计划,遭受巨大的损失。

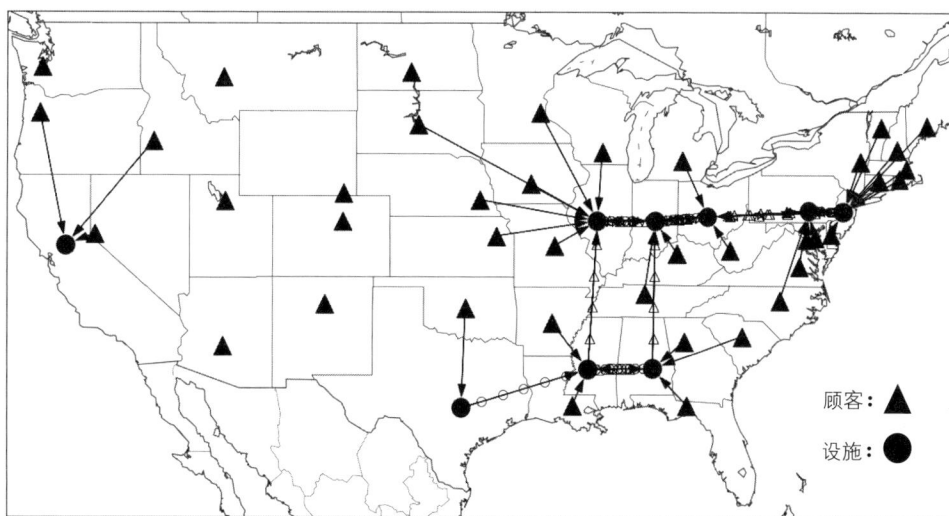

图4-7　$q=0.4$,$\pi=1000$时的优化布局

(5)$q=0.4$,$\pi=100000$的优化布局

图4-8说明了在本案例设计中,将惩罚费率定为10000的合理性。

从图4-6和图4-8的对比可以看出,在$\pi=10000$和$\pi=100000$时,无论是节点的选址还是顾客的分配路线都是完全相同的,说明10000的取值已经是足够高的惩罚成本,该成本已经足够使顾客尽可能地避免遭受损失,而增加到100000没有任何意义,并且还会增加计算的难度。

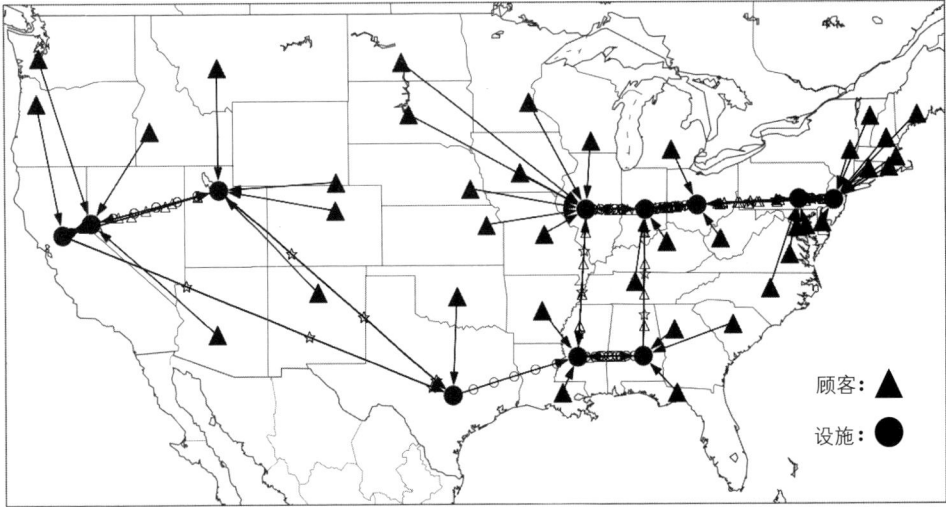

图4-8　$q=0.4$，$\pi=100000$时的优化布局

4.4　敏感度分析

本节的目的是分别观察参数R、q、e和π的取值发生变化时，IR-UFL模型的优化结果如何变化，从而探讨各种影响因素，包括等级分配次数、损坏概率、交通费率和惩罚费用的变化对最终优化策略的影响。

4.4.1　R的敏感度分析

首先分析多等级分配的访问策略对系统的影响，即R的变化对系统各成本的影响。为了更好地说明节点选址的变化，附录2标明了4组数据的候选位置编号。

为了突出R变化的影响，表4-3中令损坏概率$q=0.03$，来计算R从1慢慢变化到10的时候对系统各成本的影响。

R敏感度分析　　　　　　　　　　　　　　　　　　　　表4-3

R		节点选址点	建设费用	预期交通费用	预期惩罚费用	系统总费用
49对点	1		0	0	2.47×10^5	2.47×10^7
	2	1,3,5,8,22,30	3.87×10^5	5.64×10^5	7.41×10^5	1.69×10^6
	3	1,3,5,7,22,29,30	4.65×10^5	5.43×10^5	2.22×10^4	1.03×10^6

R		节点选址点	建设费用	预期交通费用	预期惩罚费用	系统总费用
49 对点	4	1,3,5,7,22,29,30	4.65×10^5	5.45×10^5	6.67×10^2	1.01×10^6
	5	1,3,5,7,22,29,30	4.65×10^5	5.45×10^5	20	1.01×10^6
	6	1,3,5,7,22,29,30	4.65×10^5	5.45×10^5	0.60	1.01×10^6
	7	1,3,5,7,22,29,30	4.65×10^5	5.45×10^5	0.02	1.01×10^6
	8	1,3,5,7,22,29,30	4.65×10^5	5.45×10^5	0.01	1.01×10^6
	9	1,3,5,7,22,29,30	4.65×10^5	5.45×10^5	0.01	1.01×10^6
	10	1,3,5,7,22,29,30	4.65×10^5	5.45×10^5	0.01	1.01×10^6
75 对点	1		0	0	2.89×10^7	2.89×10^7
	2	74,75	1.32×10^5	2.36×10^5	8.67×10^5	1.24×10^6
	3	74,75	1.32×10^5	2.49×10^5	2.60×10^4	4.07×10^5
	4	20,24,74	1.96×10^5	1.95×10^5	7.80×10^2	3.92×10^5
	5	20,24,74	1.96×10^5	1.95×10^5	7.80×10^2	3.92×10^5
	6	20,24,74	1.96×10^5	1.95×10^5	7.80×10^2	3.92×10^5
	7	20,24,74	1.96×10^5	1.95×10^5	7.80×10^2	3.92×10^5
	8	20,24,74	1.96×10^5	1.95×10^5	7.80×10^2	3.92×10^5
	9	20,24,74	1.96×10^5	1.95×10^5	7.80×10^2	3.92×10^5
	10	20,24,74	1.96×10^5	1.95×10^5	7.80×10^2	3.92×10^5
88 对点	1		0	0	4.48×10^7	4.48×10^7
	2	3,4,5,7,30,33,46,59,67	5.29×10^5	8.13×10^5	1.35×10^6	2.69×10^6
	3	3,4,5,7,30,33,46,59,67	5.29×10^5	8.88×10^5	4.04×10^4	1.46×10^6
	4	4,5,7,15,17,18,30,33,46,67	5.60×10^5	8.61×10^5	1.21×10^3	1.42×10^6
	5	3,4,5,7,30,33,46,59,67	5.29×10^5	8.90×10^5	36.30	1.42×10^6
	6	3,4,5,7,30,33,46,59,67	5.29×10^5	8.90×10^5	1.09	1.42×10^6
	7	3,4,5,7,30,33,46,59,67	5.29×10^5	8.90×10^5	0.03	1.42×10^6
	8	3,4,5,7,30,33,46,59,67	5.29×10^5	8.90×10^5	0.02	1.42×10^6
	9	3,4,5,7,30,33,46,59,67	5.29×10^5	8.90×10^5	0.01	1.42×10^6
	10	3,4,5,7,30,33,46,59,67	5.29×10^5	8.90×10^5	0.01	1.42×10^6
150 对点	1		0	0	6.62×10^7	6.62×10^7
	2	81,94,120,123,127,142,149,150	8.20×10^5	1.33×10^6	1.99×10^6	4.14×10^6
	3	81,94,120,123,127,141,142, 149,150	9.00×10^5	1.37×10^6	5.96×10^4	2.33×10^6
	4	81,94,120,123,127,141,142, 149,150	9.00×10^5	1.38×10^6	1.79×10^3	2.28×10^6

续表

R		节点选址点	建设费用	预期交通费用	预期惩罚费用	系统总费用
150 对点	5	81,94,120,123,127,141,142, 149,150	9.00×10^5	1.38×10^6	53.7	2.28×10^6
	6	81,94,120,123,127,141,142, 149,150	9.00×10^5	1.38×10^6	1.61	2.28×10^6
	7	81,94,120,123,127,141,142, 149,150	9.00×10^5	1.38×10^6	0.05	2.28×10^6
	8	81,94,120,123,127,141,142, 149,150	9.00×10^5	1.38×10^6	0.02	2.28×10^6
	9	81,94,120,123,127,141,142, 149,150	9.00×10^5	1.38×10^6	0.01	2.28×10^6
	10	81,94,120,123,127,141,142, 149,150	9.00×10^5	1.38×10^6	0.01	2.28×10^6

IR-UFL模型的约束条件之一为 $\sum_{j \in J_{j_0}^+} x_{ijj_0R} = 1, \forall i \in I$ 。

即所有的顾客最后一步的分配方案必须是虚拟节点,因此,当 $R=1$ 时,意味着所有的顾客都被直接分配到了虚拟节点。此时并不会建设任何节点,因此建设费用为零;而且所有的顾客都是直接接受惩罚费用,因此系统总成本只与惩罚费用相关;并且此时惩罚费用的值,可以看作试图建设节点的潜在收益,也是增加建设节点数量的动力。

当 $R=2$ 时,意味着每一个顾客只有一个节点可以提供服务,没有任何的后备节点,一旦这个节点失效,该顾客就只能放弃出行并接受付出惩罚费用。此时的系统表现会非常不同:以49对点为例,在 $R=2$ 时建设了6个节点,此时系统总费用已经是 $R=1$ 时的1/10,也就意味着,此时的系统已经获得了潜在社会收益的90%。

随着 R 的持续增加,意味着分配等级越来越多,备份节点的数量也在增加。一般而言,这样会导致节点的建设投资增高,并产生一定的冗余量;与此同时交通费用会略有增加,但是惩罚费用会逐渐下降;二者相互作用后,系统的总成本还是处于下降的趋势,即系统表现是逐渐优化的。

可以看出,分配充足的后备节点可以有效地降低系统总体的成本。同样以49对点为例,渐进的,当提供足够的后备分配设施时,系统总成本可以降低到比一个节点都没有建设($R=1$)时系统总成本的4%,或者说,可以降低到每个顾客只有一个实际可访问的节点($R=2$)时系统总成本的60%。这也从另一个角度说明,提供后备节点的思路可以带来近96%的社会净收益,这个数值已经远高于 $R=2$ 时带来的40%社会净收益,即多级分配的优化策略要比每个顾客只能从一个指定节点获得服务的策略具有更大的优势。

以上对 R 变化引起系统表现变化的分析说明,当合理的设计系统时,采用多级分配的服务策略可以从本质上降低系统成本，提高系统的可靠性，即使是在有限信息假设下，该策略仍然适用。

需要特别注意的是，随着R的增长，从多级分配策略中得到的社会净收益增长逐渐变慢，并且当分配的级数大于选择出的建设节点数量（以49对点为例，当R超过7）时，系统各个费用都不再发生变化。

出现这种情况的主要原因在于，对每一个顾客而言，额外增加一个备份的收益是随着R增加而以指数方式减少的，因为惩罚概率是他分配到的节点数量的指数递减函数，即随着他分配到的节点数量增加，他可能遭受惩罚的概率是呈指数递减的。还有一个原因在于，每一个顾客都只能被分配到实际建设的节点，即使设置很高的分配等级R，当出现R的数值高于$|J^*|$时，超出实际节点数目的那些分配，也只是让顾客不停地从虚拟节点走到虚拟节点，而此时的交通费用为零，其他费用不会发生变化，所以系统成本不会发生任何变化；即当提供足够多的后备设施时，此时无论R再怎么增加，系统的表现都是完全相同的。

虽然当R增加到超过$|J^*|$时才能使系统的表现完全相同，没有继续优化的空间，但是通过对表4-3的观察发现：所有的案例中，当R取值等于或者超过5时，系统总费用的变化基本不会超过0.01%，甚至可以忽略不计。这正是在第4.1.3参数设定小节中，将R的默认值定为5的主要原因。

同时，从表4-3可以看出：即使是面对不同组别的实例数据，所有的结果的趋势都是一致的，因此在以下的敏感度分析中，我们将以49对点为例进行说明。

4.4.2 q的敏感度分析

首先观察损坏概率变化对系统的优化策略及各费用的影响，此时其他参数的设定值为$R=5$，$e=1$，$\pi=10000$，得出优化结果如图4-9所示。

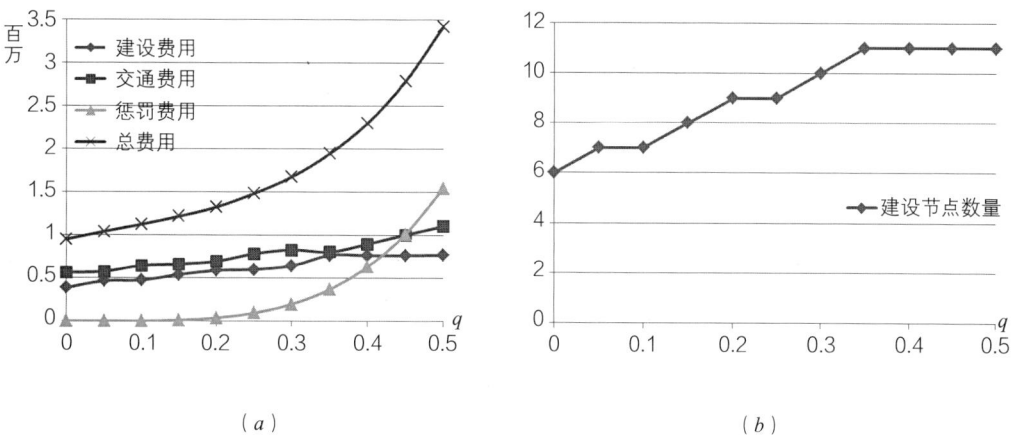

（a）　　　　　　　　　　　　　（b）

图4-9　q敏感度分析

图4-9（a）展示了系统各个费用随着损坏概率q从0~0.5的增长而变化的过程；图中菱形的连接线表示建设费用（contruction cost）变化趋势；正方形的连接线表示交通费用（transportation cost）变化趋势；三角形的连接线表示惩罚费用（penalty cost）变化趋势；星号形状的连接线表示系统总费用（total system cost）变化趋势。图4-9（b）展示了随着损坏概率q的变化，相应节点的建设数量是q的阶梯函数；图中正方形的连接线表示建设节点的数量。

从图4-9（a）可以看出，总体而言，各个费用都是随着q的增加而增加。比较特别的是惩罚费用，当损坏概率较低（q≤0.2）时，惩罚费用的变化并不明显，但是在这之后，当q继续增大时，它的增长趋势突然间明显起来，并且逐渐成了系统总费用的主要组成部分。

从图4-9（b）可以看出，建设节点的数目对q的变化十分敏感：当损坏概率q从0增长到0.5时，就已经额外新建设了6个节点。这说明，最优的位置设计对损坏概率的变化十分敏感，随着q的变化会发生剧烈的变动。

综上，损坏概率q对系统内所有费用都存在一定的影响力，尤其是当概率较大时能够深入影响惩罚费用：事实上，损坏概率的出现正是可靠性模型存在的基础，如果损坏概率过高，即每个节点随时失效的可能性非常高，说明此时的系统非常脆弱，那么无论怎样增加后备节点，提高顾客的分配次数，都很难确保顾客得到服务，系统的可靠性非常低。

这一点在实际案例中也经常出现：比如在战争频发的国家，无论是交通节点还是其他基础设施，都有可能随时失效，无论政府或者其他势力，甚至军队都不能确保基础设施的可靠性，此时无论采用什么访问策略，增加后备设施，提高顾客得到服务的可能性都很低，总系统的鲁棒性和可靠性非常低。

4.4.3　e的敏感度分析

首先观察交通费率变化对系统的优化策略及各费用的影响，此时其他参数的设定值为 $R=5$，$q=0.2$，$\pi=10^4$。

图4-10（a）展示了系统各个费用随着交通费率e从0~2.5的增长而变化的过程，图4-10（b）表示随着交通费率e的变化，相应节点建设数量的变化趋势，这两个图的图标设置与图4-9的设置基本相同。

从图4-10可以看出，交通费用、建设费用甚至建设节点的数量都随着交通费率e的增加有明显的上升，但是惩罚费用则基本与e没有任何关系，无论e怎么变化，惩罚费用一直维持着较低的水平。

最容易理解的就是交通费用的变化，因为前文提到单位交通成本 c_{ijr} 可以简单地用e乘以从位置j到位置j'的距离得到（见4.1.2节），因此交通费用会随着e的增加而增加；为平衡急速上升的交通费用，必须多建设一些节点以降低每个顾客和节点之间的距离，也因此导致了建设费用有所增加。

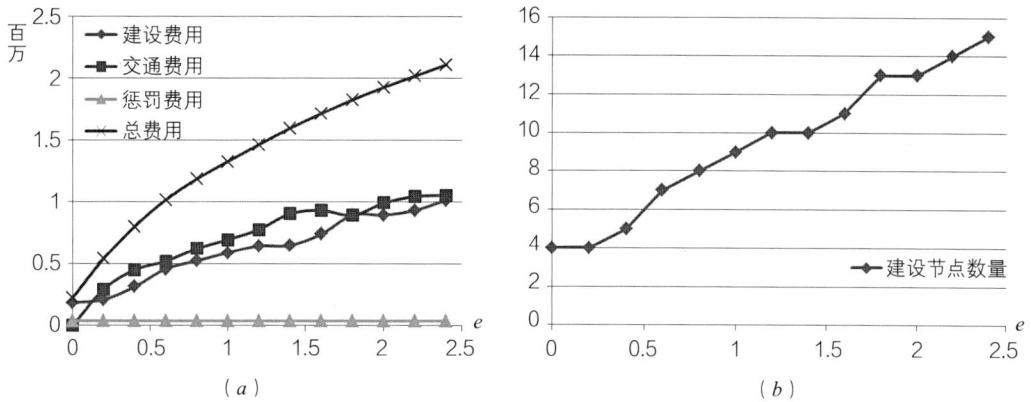

图4-10 e敏感度分析

而惩罚费用一直维持在较低水平且并不随交通费率e变化而变化的原因在于，此时系统的分配等级$R=5$，对每个顾客而言，已经分配了足够多的备份节点来提供服务，因此此时的惩罚费用一直处于最低值$\sum_{i \in I} \pi_i q^{R-1} = |I| \pi q^{R-1}$的状态，与$e$无关。

4.4.4 π的敏感度分析

首先观察惩罚费用变化对系统的优化策略及各费用的影响，此时其他参数的设定值为$R=5$，$q=0.2$，$e=1$。

图4-11（a）展示了系统各个费用随着受罚率π从0到5000的增长而变化的过程，图4-11（b）表示随着π的变化，相应节点建设数量的变化趋势，这两个图的图标设置与图4-9的设置基本相同。π是指每个顾客最终放弃服务时得到的单位惩罚费用，也可以理解为顾客i从最后一个实际节点$j_i^{|O|}$到虚拟节点j_0过程中产生的单位交通成本。

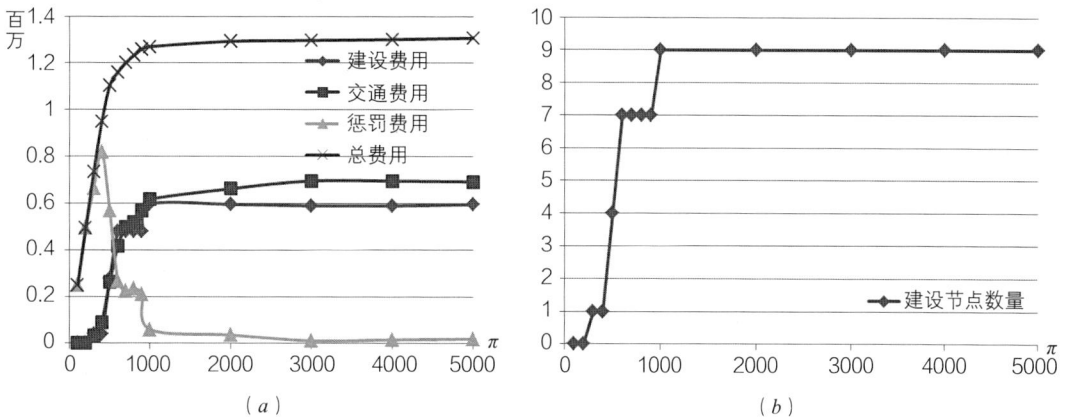

图4-11 π敏感度分析

从图4-11（a）中可以看出，当π的取值较小（例如小于等于200）时，并没有任何节点被建设，惩罚费用即系统总费用。该情况发生的主要原因在于：当顾客放弃出行计划所遭受的损失很小时，建设任何节点的费用都相对而言太高了，以经济理性角度，最优化的取舍就是不建设任何节点，所有的顾客都放弃出行。当然这种情况太过于极端，可能在科技高度发达的未来，每个人都可以足不出户做任何事情，完全没有出行的必要，那么所谓交通节点（交通客运、货运枢纽）这种形式也会消失。

随着π的不断增加（取值从300增长到1000），可以看到建设的节点越来越多，顾客开始进行转移，试图寻找到适宜的节点以获得服务；由此导致的建设费用急速上升，并且开始产生逐渐增加的交通费用；而与此相对应的是迅速下降的惩罚费用。

比较有趣的是，随着π的继续增长（取值已经大于1000），系统似乎已经建设了足够多的节点，处于一个相对稳定和可靠的状态，虽然建设费用和交通费用还有小幅度的起伏，但是综合下来，系统总费用维持了一个平稳的状态。

这种稳定状态实际上提供了一个极具借鉴意义的，可以平衡π变化的指导思想：适当地增加后备节点可以有效地降低惩罚费用，提高系统可靠性，但是当惩罚费率高到一定界限后，系统已经保持较高的鲁棒性，此时的惩罚费用也处于较稳定的状态。

4.5 与Berman模型的对比分析

在案例分析的最后部分，将再次对比本书构建的IR-UFL模型与Berman模型，与本书2.7节模型构建中随机生成的指定点不同，充分利用上文构建的实例数据，可以更加客观和科学地分析二者的不同。

多角度对二者进行比较，参数的取值符合4.1节中的设计，为将损坏概率设定为0.001、0.03、0.2和0.5，优化后的交通费用值见表4-4。

从整体数值可以看出，无论处于何种情况下，Berman模型的交通费用总是大于等于本书构建模型，充分体现了IR-UFL模型的优越性。

当损坏概率很小时，两个模型的费用差距很小，有时候甚至完全相等。这种现象发生的主要原因在于，当损坏概率很小时，顾客很容易从第一等级分配的节点就得到服务，后备节点的使用概率非常低，导致后续访问的交通费用发生概率很小，因此此时后续访问路线的不同导致交通费用的变化很小，甚至有时候可以忽略不计，导致两个模型优化后的交通费用差距很小。另一个可能的原因在于，当损坏概率很小时，节点的集聚效应也很小（图4-3），因此在前文分析中提到的，IR-UFL模型依托于节点集群优势而降低后续交通费用的特点（图2-12）也被模糊，导致二者的区别不那么明显。

但是随着损坏概率q的增加，二者之间的区别越来越明显：当$q=0.2$时，Berman模型和IR-UFL模型的差距已经可以扩大到3%以上（75对点）；当$q=0.5$时，则大部分对点的差异都超过了1%，充分证明了IR-UFL模型的优越性。这主要是因为随着损坏概率q的增加，节点之间的集聚现象变得更加明显，不同的访问次序带来的交通费用变化也更加明显，表明当节点更加容易损坏时，顾客更倾向于访问较密集的节点位置群，即本书构建的IR-UFL模型的优化策略表现得更好。

Berman模型和IR-UFL模型的交通费用对比　　　　表4-4

实例数据	q	IR-UFL模型 交通费用	Berman模型 交通费用	绝对 差值	差异 百分比（%）
49对点	0.001	566344.5	566344.9	0.5	0.00
75对点	0.001	236461.7	236461.7	0.0	0.00
88对点	0.001	815196.7	815197.3	0.6	0.00
150对点	0.001	1335753	1335754	1.1	0.00
49对点	0.03	545278.3	545624.7	346.4	0.06
75对点	0.03	195871.8	195871.8	0.0	0.00
88对点	0.03	890499.2	890941.2	442.0	0.05
150对点	0.03	1378393	1379350	957.0	0.07
49对点	0.2	735348.7	751401.2	16052.4	2.18
75对点	0.2	298056.3	307280	9223.8	3.09
88对点	0.2	1203211	1225252	22040.4	1.83
150对点	0.2	1891611	1891611	0.0	0.00
49对点	0.5	2649317	2699212	49895.2	1.88
75对点	0.5	2172384	2183515	11131.3	0.51
88对点	0.5	4370435	4426470	56035.1	1.28
150对点	0.5	6561478	6639616	78137.7	1.19

4.6 本章小结

本章利用选址模型中常用的4组实例数据进行了实例分析，利用第3章提出的拉格朗日松弛算法求解，证明了有限信息下可靠性选址模型的科学性、实用性和算法的有效性，并通过对优化结果的对比分析，提出了一些对交通运输节点选址时有借鉴意义的结论。

5 考虑到点依赖损坏概率的有限信息可靠性选址模型

所谓点依赖损坏概率，是指每一个设施建成投入使用后，由于所处地理位置不同而具有不同的损坏概率，即设施的损坏概率虽然也是彼此独立的，但并不相同，而是依赖于设施点的地理位置及其周围自然、交通环境。点依赖的假设相对于本书第2章提出的IR-UFL模型更符合现实，以新增假设为基础，本章将构建一个新的非线性整数规划模型，并利用线性技术降低求解难度，案例分析的结果表明本模型具有较好的实用性和适用性。

5.1 问题描述

5.1.1 变量定义

本章同样首先分析简单问题，即假设设施的选址点已经确定，并以此为基础研究优化决策问题。在规划阶段，在指定区域内有一些分散的顾客，可用集合I表示，而集合J^*则表示建设好的设施集合，集合J^*内的设施是为了服务顾客集I而构建。每建造一个设施$j,j \in J^*$，都会产生一次性的固定建设成本f_j，据此总建设成本可以表示为：

$$C^F = \sum_{j \in J^*} f_j \qquad (5-1)$$

在顾客集I中的每一个顾客i都有自己的需求量λ_i，或称服务诉求量λ_i，每个顾客都会被分配到一些不同的设施来获得服务，这些选中的设施集合为J_i^*。根据分配给该顾客的不同访问次序，将这些设施定义为$\{j_i^0, j_i^1, \cdots, j_i^r, \cdots, j_i^{|J_i^*|+1}\}$，同时将该顾客第$r$个访问的设施定义为$j_i^r$，或者称$j_i^r$是顾客$i$第$r$个等级分配到的设施。需要注意的是，考虑到某种极端情况，比如某顾客从所

有设施中都得不到服务，因此J_i^*可以是空集。设施j_i^0可以视为顾客i的首个服务设施，而其他的设施可以视为该顾客的备用设施，或者是冗余量。d_{ij}意味着从顾客i到设施j的几何距离，$d_{jj'}$则是设施j到另一个设施j'的几何距离。

本章将单位需求量的交通成本定义为c_{ij}^0，该成本由几何距离d_{ij}^0和交通费率α共同决定；将顾客i从设施j_i^{r-1}到设施j_i^r的交通成本定义为$c_{ij_i^{r-1}j_i^r}$，同样由交通费率α和距离$d_{j_i^{r-1}j_i^r}$的乘积决定。

在运营阶段，因为上文讨论过的各种原因，设施可能会随时损坏，第2章假设每个设施的损坏概率q符合独立同分布（independent and identically distributed, i.e., i.i.d.），本章模型的损坏概率则是独立但不相同的，此时以q_j代表设施$j, j \in J^*$的损坏概率。如果某个顾客i最终放弃服务，则将受到一定的惩罚费用，本章将单位需求的惩罚成本定义为π。

5.1.2　成本描述

依据有限信息假设，论在何种情况下，一个顾客i初始阶段并不知道分配给他的设施集J_i^*

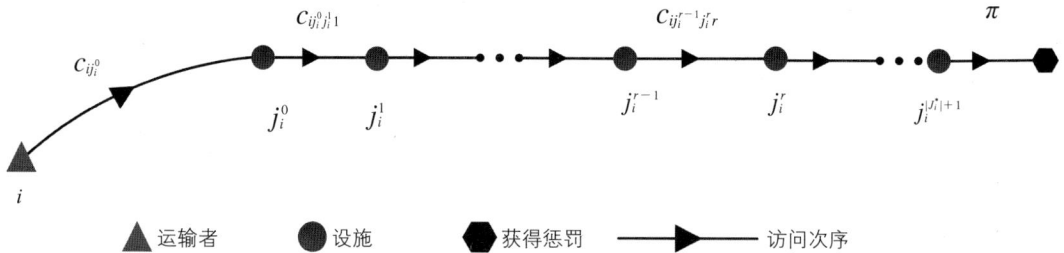

图5-1　顾客访问设施的次序示意图

的状态信息，所以他总是按照安排好的访问次序逐一访问这些设施，如图5-1所示。

对寻求服务的顾客i而言，他将首先抵达分配给他的第一个设施j_i^0，若设施j_i^0可以提供服务，他将获得服务，此时他的交通成本可表述为：

$$\lambda_i(1 - q_{j_i^0})c_{ij_i^0} \tag{5-2}$$

若设施j_i^0处于失效状态，顾客将从目前所在地出发，继续前往下一个分配的设施j_i^1。若设施j_i^1可以提供服务，他将获得服务，此时他的交通成本可表述为：

$$\lambda_i q_{j_i^0}(1 - q_{j_i^1})(c_{ij_i^0} + c_{ij_i^0 j_i^1}) \tag{5-3}$$

否则，该顾客将继续访问下一次序的设施j_i^2，该过程将一直进行，直至抵达设施$j_i^{|J_i^*|+1}$。如设施$j_i^{|J_i^*|+1}$可以提供服务，他将获得服务，此时他的交通成本可表述为：

$$\lambda_i\left(\prod_{r=0}^{|J_i^*|} q_{j_i^r}\right)(1 - q_{j_i^R})\left(c_{ij_i^0} + \sum_{r=1}^{|J_i^*|+1} c_{ij_i^{r-1}j_i^r}\right) \tag{5-4}$$

否则，该顾客将被迫放弃服务并获得相应的惩罚费用，可表示为：

$$\lambda_i \left(\prod_{r=0}^{|J_i^*|+1} q_{j_i^r} \right) \pi \tag{5-5}$$

此时该顾客的总交通成本可以表述为：

$$\lambda_i \left(\prod_{r=0}^{|J_i^*|+1} q_{j_i^r} \right) \left(c_{ij_i^0} + \sum_{r=1}^{|J_i^*|+1} c_{ij_i^{r-1} j_i^r} \right) \tag{5-6}$$

因此，该顾客 i 总的期望交通成本可以表述为：

$$\lambda_i \left\{ (1 - q_{j_i^0}) c_{ij_i^0} + \sum_{r=1}^{|J_i^*|+1} \left(\left(\prod_{r'=0}^{r-1} q_{j_i^{r'}} \right) (1 - q_{j_i^r}) \left(c_{ij_i^0} + \sum_{r'=1}^{r} c_{ij_i^{r'-1} j_i^{r'}} \right) \right) + \left(\prod_{r=0}^{|J_i^*|+1} q_{j_i^r} \right) \left(c_{ij_i^0} + \sum_{r=1}^{|J_i^*|+1} c_{ij_i^{r-1} j_i^r} \right) \right\} \tag{5-7}$$

这个公式可以简化后表述为：

$$\lambda_i \left(c_{ij_i^0} + \sum_{r=1}^{|J_i^*|+1} \left(\prod_{r'=0}^{r-1} q_{j_i^{r'}} \right) c_{ij_i^{r-1} j_i^r} \right) \tag{5-8}$$

根据公式（5-5）和式（5-8），本章可以得到总的期望运营成本表述为：

$$C^O = \sum_{i \in I} \lambda_i \left(c_{ij_i^0} + \sum_{r=1}^{|J_i^*|+1} \left(\prod_{r'=0}^{r-1} q_{j_i^{r'}} \right) c_{ij_i^{r-1} j_i^r} + \left(\prod_{r=0}^{|J_i^*|+1} q_{j_i^r} \right) \pi \right) \tag{5-9}$$

综上，可以得到期望总成本表述为：

$$C = C^F + C^O = \sum_{j \in J^*} f_j + \sum_{i \in I} \lambda_i \left(c_{ij_i^0} + \sum_{r=1}^{|J_i^*|+1} \left(\prod_{r'=0}^{r-1} q_{j_i^{r'}} \right) c_{ij_i^{r-1} j_i^r} + \left(\prod_{r=0}^{|J_i^*|+1} q_{j_i^r} \right) \pi \right) \tag{5-10}$$

为了简化公式，应该把公式（5-10）中的 $|J_i^*|$ 消除掉，这样才能重新构造运营成本和建设成本最终成为一个统一的公式，为下节的模型构建提供基础。为此，本书引进虚拟设施（紧急设施）j_0 的概念，即当顾客 i 遍寻所有分配给他的设施无果后放弃服务时，可以假设他在访问完最后一个分配的实际设施 $j_i^{|J_i^*|+1}$ 后，又访问了一个虚拟设施 j_0，而这个访问过程中产生的单位交通费用 $c_{ij_i^{|J_i^*|+1} j_0(|J_i^*|+2)}$ 就等于他的单位惩罚费用 π，如图5-2所示。

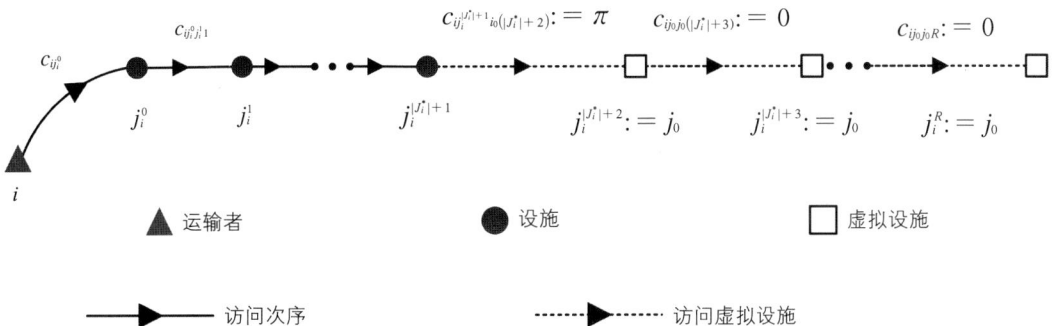

图5-2 虚拟设施访问次序

至此，本节通过增加虚拟设施 j_0，将设施集 J_i^* 扩展到 $\overline{J_i^*}$，同时假设访问次数为 R，且 R 为足够大的数值，例如令 $R = \max\{|J_i^*|\}_{i \in I} + 2$；此时设施集 $\overline{J_i^*} = \{j_i^0, j_i^1, \cdots, j_i^r, \cdots, j_i^R\}$，当 $r > |J_i^*| + 1$ 时，令 $j_i^r = j_0$。本节定义单位运输费用如下：

$c_{ij_0} = \pi, \forall i \in I, c_{ij_0j_0r} = \pi, \forall i \in I, j \in J_i^*, r = 1, 2, \cdots, R$，并且 $c_{ij_0j_0r} = 0, \forall i \in I, r = 1, 2, \cdots, R$。此时公式（5-9）可以简化为：

$$C^O = \sum_{i \in I} \lambda_i \left(c_{ij_i^0} + \sum_{r=1}^{R} \left(\prod_{r'=0}^{r-1} q_{j_i^{r'}} \right) c_{ij_i^{r-1}j_i^r} \right) \qquad (5-11)$$

基于此，可以将期望总成本简化为：

$$C = \sum_{j \in J^*} f_j + \sum_{i \in I} \left(c_{ij_i^0} + \sum_{r=1}^{R} \left(\prod_{r'=0}^{r-1} q_{j_i^r} \right) c_{ij_i^{r-1}j_i^r} \right) \qquad (5-12)$$

在公式（5-12）中，损坏概率 $\{q_{j_i^r}\}_{\forall j_i^r}$ 意味着每个设施的损坏概率与所在地理位置直接相关，而不再是假设所有设施的损坏概率都相同，这也是本节接下来构建的模型最重要的创新点。

5.2 模型构建

为了更好地描述选址问题，5.1小节中曾假设设施选址点和顾客的访问次序已经确定，本小节将放弃这个假设并构建选址模型。定义 $\mathcal{J}$ 为所有的候选点，根据上文对期望总成本的数学表达式，可以将此时的期望总成本表述为：

$$\min_{J^* \subseteq \mathcal{J}, \{j_i^r\}_{i \in I}} C = \sum_{j \in J^*} f_j + \sum_{i \in I} \lambda_i \left(c_{ij_i^0} + \sum_{r=1}^{R} \left(\prod_{r'=0}^{r-1} q_{j_i^r} \right) c_{ij_i^{r-1}j_i^r} \right) \qquad (5-13)$$

公式（5-13）虽然简洁，但是却具有高度的非线性，因此有效地解决这个问题有较高的难度，将公式（5-13）转化成为等价的线性整数规划（LIP）形式，才可以用商业软件及常用算法进行求解。

首先，本书将候选位置的抉择定义为一个决策变量 $Y = \{y_j\}_{j \in \mathcal{J}}$，即：

$$y_j = \begin{cases} 1, & \text{在候选位置 } j \text{ 上建设一个设施（即 } j \in J^*） \\ 0, & \text{其他（即 } j \notin J^*） \end{cases} \qquad (5-14)$$

此时总的建设成本式（5-1）可以等价转换为：

$$\sum_{j \in \mathcal{J}} f_j y_j \qquad (5-15)$$

其次，为了简化公式，本节将部分符号定义如下：

$$\overline{\mathcal{J}} := \mathcal{J} \cup \{j_0\}; \quad \mathcal{J}_j^+ := \begin{cases} \overline{\mathcal{J}} & j = j_0 \\ \mathcal{J} \backslash \{j\} & j \neq j_0 \end{cases}; \quad \mathcal{J}_j^- := \begin{cases} j_0 & j = j_0 \\ \overline{\mathcal{J}} \backslash \{j\} & j \neq j_0 \end{cases} \forall j \in \overline{\mathcal{J}} \quad （5-16）$$

这里的 $\mathcal{J}_j^+$ 代表在候选位置 j 之前访问的候选位置，而 $\mathcal{J}_j^-$ 则代表在候选位置 j 后面可以访问的候选位置。

然后，本书定义两组选择设施分配次序的辅助决策变量，$X := \{x_{ij}\}_{i \in I, j \in \mathcal{J}}$ 和 $X' = \{x_{ijj'r}\}_{i \in I, j \in \overline{\mathcal{J}}, j' \in \mathcal{J}_j^-, r = 1,2,\cdots,R}$，如下所示：

$$x_{ij} = \begin{cases} 1, & \text{顾客} i \text{第一等级的分配设施是} j \\ 0, & \text{其他} \end{cases} \quad （5-17）$$

$$x_{ijj'r} = \begin{cases} 1, & \text{顾客} i \text{第} r-1 \text{等级的分配设施是} j，\text{并且第} r \text{等级分配的设施是} j'，\forall r = 1,2,\cdots,R \\ 0, & \text{其他} \end{cases} \quad （5-18）$$

由于不同顾客的访问次序不同，因此 $\left(\prod_{r'=0}^{r-1} q_{j'}\right)$ 各不相同，本小节定义损坏概率集合为 $P = \{p_{ijj'r}\}_{i \in I, j \in \overline{\mathcal{J}}, j' \in \mathcal{J}_j^-, r = 1,2,\cdots,R}$。此时，$p_{ijj'r}$ 是顾客 i 第 r 步访问设施 j' 时的损坏概率。

此时，总的期望运营成本（5-11）可以转换为以下形式：

$$\sum_{i \in I} \lambda_i \sum_{j \in \overline{\mathcal{J}}} \left(c_{ij} x_{ij} + \sum_{j' \in \mathcal{J}_j^-} \sum_{r=1}^{R} c_{ijj'r} p_{ijj'r} x_{ijj'r} \right) \quad （5-19）$$

最终，根据简化后的公式（5-15）和式（5-19），前文描述的可靠性选址模型可以转换成如下的线性整数规划模型（LIP model）：

$$\min_{X, X', Y, P} \sum_{j \in \mathcal{J}} f_j y_j + \sum_{i \in I} \lambda_i \sum_{j \in \overline{\mathcal{J}}} \left(c_{ij} x_{ij} + \sum_{j' \in \mathcal{J}_j^-} \sum_{r=1}^{R} c_{ijj'r} p_{ijj'r} x_{ijj'r} \right) \quad （5-20）$$

约束条件：

$$x_{ij} + \sum_{j' \in \mathcal{J}_j^+} \sum_{r=1}^{R} x_{ij'jr} \leqslant y_j, \forall i \in I, j \in \mathcal{J} \quad （5-21）$$

$$\sum_{j \in \mathcal{J}} x_{ij} = 1, \forall i \in I \quad （5-22）$$

$$x_{ij} = \sum_{j' \in \mathcal{J}_j^-} x_{ijj'1}, \forall i \in I, j \in \overline{\mathcal{J}} \quad （5-23）$$

$$\sum_{j' \in \mathcal{J}_j^+} x_{ij'j(r-1)} = \sum_{j' \in \mathcal{J}_j^-} x_{ijj'r}, \forall i \in I, j \in \overline{\mathcal{J}}, r = 2,3,\cdots,R \quad （5-24）$$

$$\sum_{j' \in \overline{\mathcal{J}}} x_{ijj_0 R} = 1, \forall i \in I \quad （5-25）$$

$$p_{ijj'1} = q_j, \forall i \in I, j \in \overline{\mathcal{J}}, j' \in \mathcal{J}_j^- \quad （5-26）$$

$$p_{ijj'r} = q_j \sum_{j' \in \mathcal{J}_j} p_{ij'j(r-1)} x_{ij'j(r-1)}, \forall i \in \mathcal{I}, j \in \overline{\mathcal{J}}, j' \in \mathcal{J}_j^-, r = 2,3,\cdots,R \tag{5-27}$$

$$y_j \in \{0,1\}, \forall j \in \mathcal{J} \tag{5-28}$$

$$x_{ij} \in \{0,1\}, \forall i \in \mathcal{I}, j \in \overline{\mathcal{J}} \tag{5-29}$$

$$x_{ijj'r} \in \{0,1\}, \forall i \in \mathcal{I}, j \in , j' \in \mathcal{J}_j^-, r = 1,2,\cdots,R \tag{5-30}$$

在上述模型中，目标函数（5-20）是选择最佳的设施建设位置、数量和分配方案以获得最小的系统总成本；约束条件（5-21）要求分配的设施必须是被建设，而且每个顾客只能访问同一个设施一次；约束条件（5-22）要求每个顾客的第一等级分配必须存在，无论是分配给实际的设施还是分配给虚拟设施；约束条件（5-23）和约束条件（5-24）意味着顾客的访问顺序必须是从第$r-1$等级的设施到第r等级的设施；约束条件（5-25）要求每个顾客最后一个访问的设施必须是虚拟设施，确保惩罚成本的合理性；约束条件（5-26）和约束条件（5-27）说明临近次序之间的设施转换概率关系；约束条件（5-28）～约束条件（5-30）目的在于保证决策变量符合积分限制的要求。

上述模型是一个简洁的考虑到点依赖损坏概率的有限信息可靠性选址模型，但是这个模型仍然是非线性的。目前存在的非线性变量是$p_{ijj'r}x_{ijj'r}, \forall i \in \mathcal{I}, j \in \overline{\mathcal{J}}, j' \in \mathcal{J}_j^-, r = 1,2,\cdots,R$等连续变量和0,1变量。利用既有的线性化技术，将$p_{ijj'r}x_{ijj'r}$转换成新的变量$w_{ijj'r}$，为确保$w_{ijj'r} := p_{ijj'r}x_{ijj'r}, \forall i \in \mathcal{I}, j \in \overline{\mathcal{J}}, j' \in \mathcal{J}_j^-, r = 1,2,\cdots,R$，将加入一组新的约束到模型（5-20）～模型（5-30）中，加入新的约束如下所示：

$$w_{ijj'r} \leqslant p_{ijj'r}, \forall i \in \mathcal{I}, j \in \overline{\mathcal{J}}, j' \in \mathcal{J}_j^-, r = 1,2,\cdots,R \tag{5-31}$$

$$w_{ijj'r} \leqslant x_{ijj'r}, \forall i \in \mathcal{I}, j \in \overline{\mathcal{J}}, j' \in \mathcal{J}_j^-, r = 1,2,\cdots,R \tag{5-32}$$

$$w_{ijj'r} \geqslant 0, \forall i \in \mathcal{I}, j \in \overline{\mathcal{J}}, j' \in \mathcal{J}_j^-, r = 1,2,\cdots,R \tag{5-33}$$

$$w_{ijj'r} \geqslant p_{ijj'r} + x_{ijj'r} - 1, \forall i \in \mathcal{I}, j \in \overline{\mathcal{J}}, j' \in \mathcal{J}_j^-, r = 1,2,\cdots,R \tag{5-34}$$

此时模型的线性表达如下所示：

$$\min_{X,X',Y,P} \sum_{j \in \mathcal{J}} f_j y_j + \sum_{i \in \mathcal{I}} \lambda_i \sum_{j \in \mathcal{J}} \left(c_{ij} x_{ij} + \sum_{j' \in \mathcal{J}_j} \sum_{r=1}^{R} c_{ijj'r} w_{ijj'r} \right) \tag{5-35}$$

约束条件：

$$x_{ij} + \sum_{j' \in \mathcal{J}_j} \sum_{r=1}^{R} x_{ij'jr} \leqslant y_j, \forall i \in \mathcal{I}, j \in \mathcal{J} \tag{5-36}$$

$$\sum_{j \in \mathcal{J}} x_{ij} = 1, \forall i \in \mathcal{I} \tag{5-37}$$

$$x_{ij} = \sum_{j' \in \mathcal{J}_j} x_{ijj'1}, \forall i \in \mathcal{I}, j \in \overline{\mathcal{J}} \tag{5-38}$$

$$\sum_{j' \in \mathcal{J}_j^-} x_{ij'j(r-1)} = \sum_{j' \in \mathcal{J}_j^-} x_{ijj'r}, \forall i \in \mathcal{I}, j \in \overline{\mathcal{J}}, r = 2,3,\cdots,R \qquad (5-39)$$

$$\sum_{j' \in \overline{\mathcal{J}}} x_{ijj_0R} = 1, \forall i \in \mathcal{I} \qquad (5-40)$$

$$w_{ijj'r} \leqslant p_{ijj'r}, \forall i \in \mathcal{I}, j \in \overline{\mathcal{J}}, j' \in \mathcal{J}_j^-, r = 1,2,\cdots,R \qquad (5-41)$$

$$w_{ijj'r} \leqslant x_{ijj'r}, \forall i \in \mathcal{I}, j \in \overline{\mathcal{J}}, j' \in \mathcal{J}_j^-, r = 1,2,\cdots,R \qquad (5-42)$$

$$w_{ijj'r} \geqslant 0, \forall i \in \mathcal{I}, j \in \overline{\mathcal{J}}, j' \in \mathcal{J}_j^-, r = 1,2,\cdots,R \qquad (5-43)$$

$$w_{ijj'r} \geqslant p_{ijj'r} + x_{ijj'r} - 1, \forall i \in \mathcal{I}, j \in \overline{\mathcal{J}}, j' \in \mathcal{J}_j^-, r = 1,2,\cdots,R \qquad (5-44)$$

$$p_{ijj'1} = q_j, \forall i \in \mathcal{I}, j \in \overline{\mathcal{J}}, j' \in \mathcal{J}_j^- \qquad (5-45)$$

$$p_{ijj'r} = q_j \sum_{j' \in \mathcal{J}_j^+} w_{ij'j(r-1)}, \forall i \in \mathcal{I}, j \in \overline{\mathcal{J}}, j' \in \mathcal{J}_j^-, r = 2,3,\cdots,R \qquad (5-46)$$

$$y_j \in \{0,1\}, \forall j \in \mathcal{J} \qquad (5-47)$$

$$x_{ij} \in \{0,1\}, \forall i \in \mathcal{I}, j \in \overline{\mathcal{J}} \qquad (5-48)$$

$$x_{ijj'r} \in \{0,1\}, \forall i \in \mathcal{I}, j \in \overline{\mathcal{J}}, j' \in \mathcal{J}_j^-, r = 1,2,\cdots,R \qquad (5-49)$$

虽然该选址问题是一个NP难问题，但是上述线性模型仍然可以用线性规划商业软件（例如Gurobi、CPLEX）进行求解，在合理时间内得到最优解或者近似最优解。

5.3 案例分析

为了便于与其他可靠性选址模型进行对比，本案例仍选取1995年Daskin书中截取的49对点数据（以下简称49对点），包含了美国48个州的首府和华盛顿特区；同时为了便于横向对比，依据人口数量多寡，依次选取前15位、前25位、前35位城市数据，分别构建了15对点、25对点、35对点数据，加上完整的49对点数据，形成新的4组数例。这些数据不仅仅是为建设设施而提供的候选位置，同时也是顾客所在地的位置。

4组数例的原始数据详见附录3。

5.3.1 案例设计

对数据的处理过程基本延续第4章的思路：假设运输需求与当地的人口数量正相关，为消除不同城市人口数量级上的差别，将顾客需求 $\{\lambda_i\}_{i \in I}$ 进行处理，为城市的人口数目除以 10^5。利用每个城市（或县）j 的房屋中位价（Median Home Value）来代表固定建设成本 f_j；考虑到实际路段限制，将两点间的运输距离定义为两点间的大圆距离（详见4.1.2节）乘以一个系数1.2。假定每个设施的损坏概率为 $q_j = \rho e^{-f_j/200000}, \forall j \in \mathcal{J}$，其中系数 ρ 用来控制损坏概率的波动幅度，而 q_j 与 f_j 之间的设定则体现了建造成本与损坏发生概率之间的反比关系，若建造过程中采用较高成本可以加固该设施的自有属性，或采用更好的设计、材料等，在该设施投入使用后，会降低其发生失效情景的概率。

其余参数的默认值设定如下：$\alpha = 1, \rho = 0.1, \pi = 10000, R = 4$。所有程序都利用软件Gurobi进行求解，计算机基础设置为：3.4主频的CPU和16GB内存。

5.3.2　模型性能

本节将对比分析模型的表现及具体的布局方案。表5-1展示了不同数例下模型的表现。

模型性能　　　　　　　　　　　　　　　　　　表5-1

实例数据	ρ	最优目标值	最优边界	误差（%）	布局点	时间（s）
15	0.05	643425.58	6.43383.59	0.0065	1,3,4,5,6,8	8
25	0.05	823126.09	823124.37	0.0002	1,3,5,6,8,22	60
35	0.05	952731.61	950545.85	0.2294	1,3,5,6,8,22	235
49	0.05	1019874.54	1.016689.51	0.3123	1,3,5,7,22,30	609
15	0.1	692638.02	692611.80	0.0038	1,3,4,5,6,8	13
25	0.1	882565.35	882483.94	0.0092	1,3,5,6,8,22	170
35	0.1	1008318.81	1003288.80	0.4989	1,3,5,6,7,22,29	534
49	0.1	1076761.78	1069289.67	0.6939	1,3,5,6,7,22,29	2931
15	0.2	804767.21	796746.33	0.9967	1,3,4,5,6,7	834
25	0.2	1014739.72	998609.18	1.5896	1,3,5,6,7,22	3600
35	0.2	1130801.61	1096305.83	3.0506	1,3,5,6,9,14,22,29	3600
49	0.2	1201601.49	1152557.85	4.0815	1,2,3,5,6,14,22,29	3600
15	0.3	941342.42	896616.27	4.7513	1,3,4,5,6,7,9	3600
25	0.3	1161838.52	1076286.93	7.3635	1,3,5,6,9,14,22,24	3600
35	0.3	1286516.19	1149413.08	10.6569	1,3,5,6,9,14,22,29,31	3600
49	0.3	1515634.15	1210586.69	20.1267	1,3,5,6,9,14,22,29,31	3600

从表5-1可以发现，大部分实例数据都可以在一个合理的误差范围（不超过5%）内，利用Gurobi软件求得优化值，这已经符合了大部分工程中的实际需求，验证了本模型的可行性和实用性。表5-1中数据表明，随着损坏概率增大，模型的求解时间和误差范围都在不断增加；或在同样的损坏概率下，随着候选点数目增多，模型的求解时间和误差范围也在不断增加：部分数据的求解时间达到程序上限（3600s）；$\rho=0.3$时49对点的优化值误差甚至高达20%，说明既有的Gurobi软件在处理大规模或高损坏概率情景时仍有较大的局限。因此，为本模型定制一个高效、独有的算法仍是有一定必要性的。

当$\rho=0.05$时，25对点与35对点两组数据得到的设施优化布局方案是完全一致的；类似的情景还发生在$\rho=0.1$时的35对点与49对点、损坏概率为0.05和0.1时的15对点、损坏概率为0.05和0.1时的25对点等数据中，证明本模型构建的优化布局方案具有较强的鲁棒性，在输入条件有小幅度变动时，可以输出相对稳定的优化布局方案。

5.3.3 优化布局分析

本节将对比分析不同情景下的布局优化方案：图5-3展示了$\rho=0.1$时不同规模下的优化布局方案；图5-4展示了不同损坏概率和惩罚费用情景下的优化布局方案；图5-5利用49对点的数据展示了损坏概率分布符合独立同（i.i.d）分布和符合点依赖分布情景下的优化布局方案。图中黑色圆形圈住的点为设施建设点，三角形则代表顾客初始所在地，"实线"箭头表示顾客第一分配设施，"实线+圆圈"箭头、"实线+三角形"箭头、"实线+五角星"箭头分别表示第二、第三、第四分配设施。

（1）损坏概率相同、候选点数据不同情景下优化布局方案分析

图5-3描绘了当损坏概率$\rho=0.1$时，本模型得到的优化选址方案及相应的顾客-设施访问次序。总体上设施建设量是随着需求量增加而增加的，但部分圆圈中的设施并没有发生变化，一直是优化方案中的稳定存在，说明这部分设施是该地区的核心供给设施，无论需求量发生怎样波动，这些设施都是非常重要的。据此，我们可以加固核心供给设施，降低这部分设施的损坏概率，在有限总本下可以大幅度提高系统可靠性。

表5-1中$\rho=0.1$时，35对点和49对点的设施建设数据是完全一致的，但对比图5-3可以发现，同样设施布局点所针对的顾客群、顾客服务等级是截然不同的，说明即使基础设施点无法更改，仍可以通过变更顾客服务范围、服务等级来调整服务网络系统以应对现实中的情景变化，提升服务网络的可靠性和弹性。

（2）损坏概率不同、惩罚费用不同情景下优化布局方案分析

图5-4描绘了当ρ和π发生变化时，25对点数据的优化选址方案及相应的顾客-设施访问次序：图5-4（a）中ρ为零，该问题转换为经典的无容量限制固定费用选址问题，此时顾客的最

优方案是直接寻找距离自己最近的设施获得服务，将此时的设施布局方案设定为问题基准解；图5-4（b）中ρ增加到0.1，设施布局优化随之增加了一个建设点，因此顾客可以更加方便地访问备用设施；图5-4（c）中ρ增加到0.3，设施布局优化随之增加了两个建设点，此时顾客的备用设施有所增加以抵抗较高的损坏风险；而图5-4（d）中的惩罚费用下降到了10³，说明最终

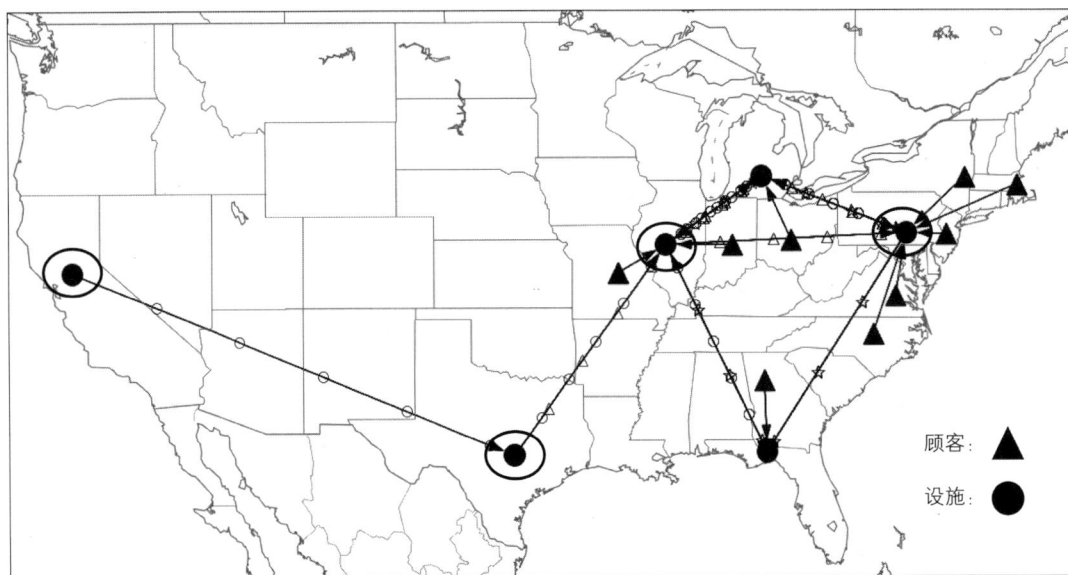

（a）

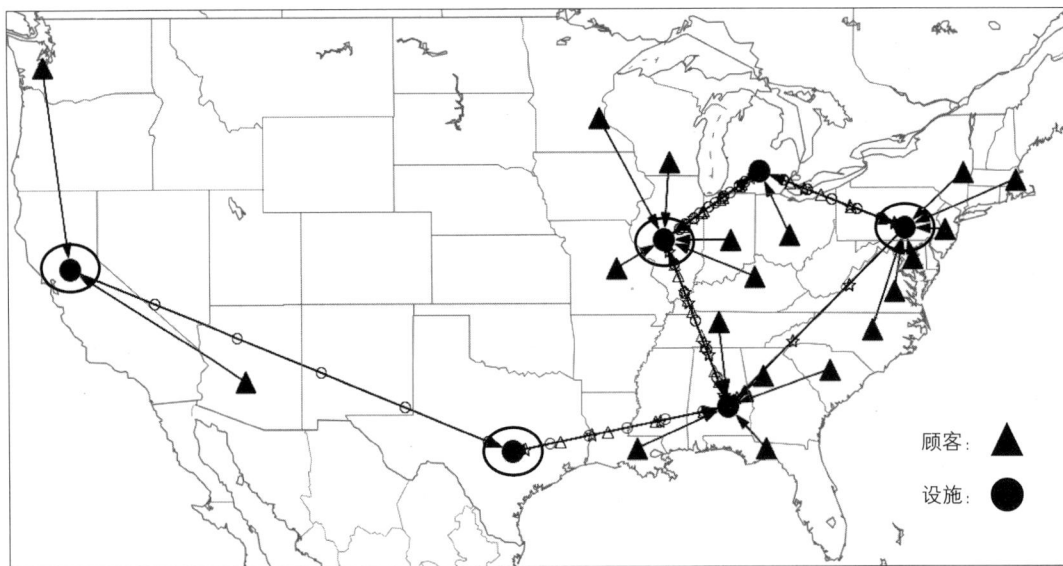

（b）

图5-3　不同规模下的优化布局方案（一）

（a）15对点；（b）25对点

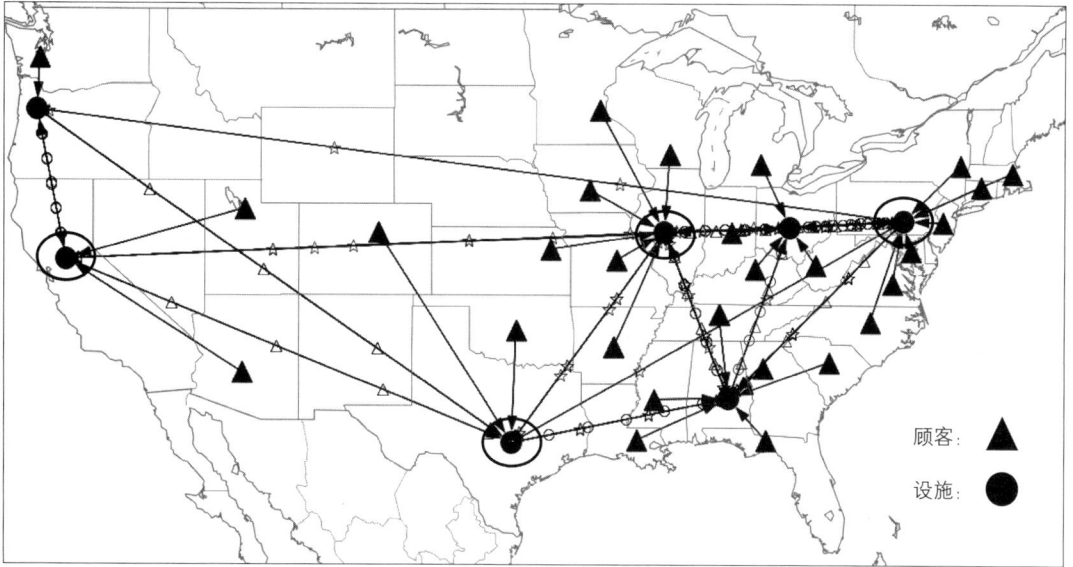

（c）

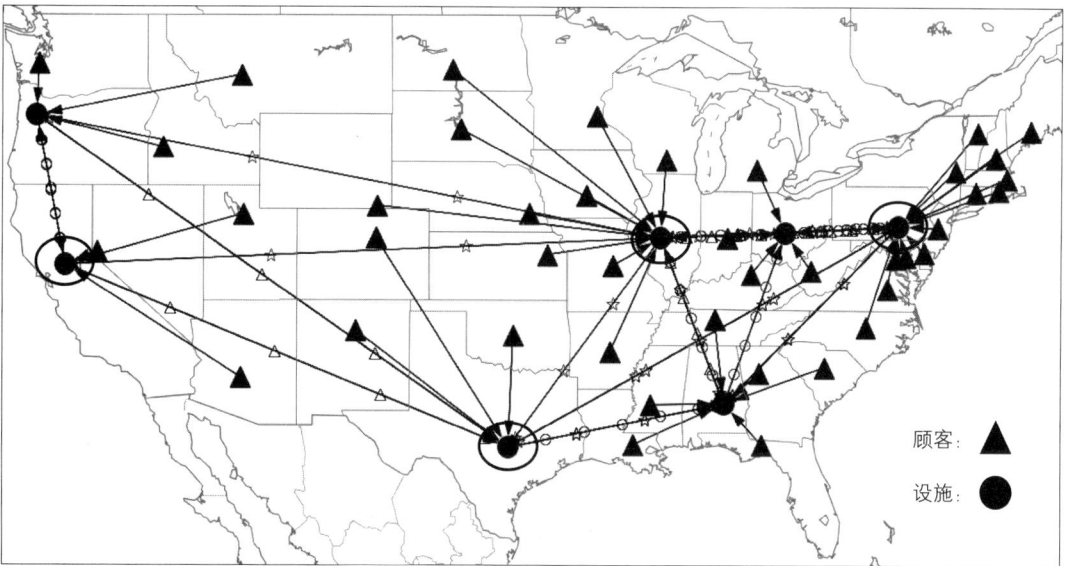

（d）

图5-3　不同规模下的优化布局方案（二）
（c）35对点；（d）49对点

没有得到服务而放弃的成本下降，因此部分顾客不会去比较远（交通费用比较高）的设施，而直接选择放弃服务，在布局设计上体现为减少了一个建设点，许多等级比较靠后的顾客-设施访问线路被取消。换言之，若惩罚费用较高，将迫使顾客尝试更多的备用设施，即使面临更高的交通费用也在所不惜，以降低放弃服务所面临的高额惩罚风险。

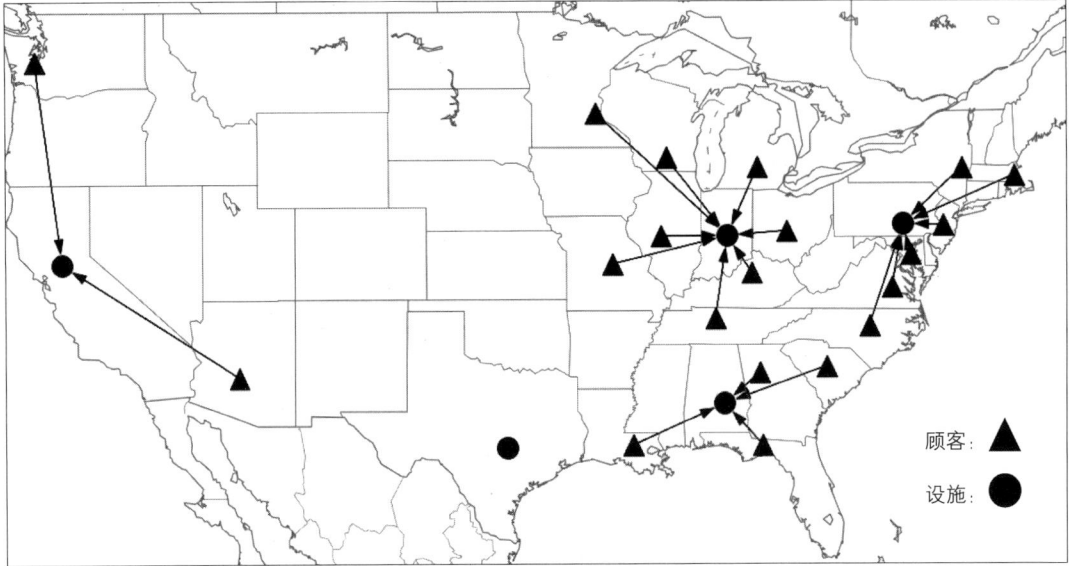

（a）

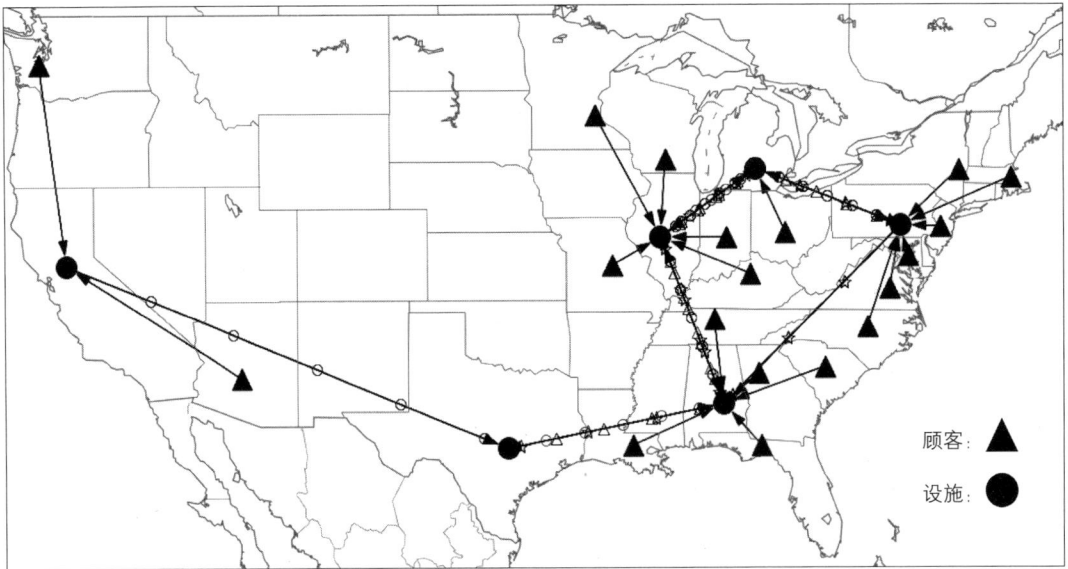

（b）

图5-4 不同损坏概率、惩罚费用下的优化布局方案（一）

（a）$\rho=0$，$\pi=10000$；（b）$\rho=0.1$，$\pi=10000$

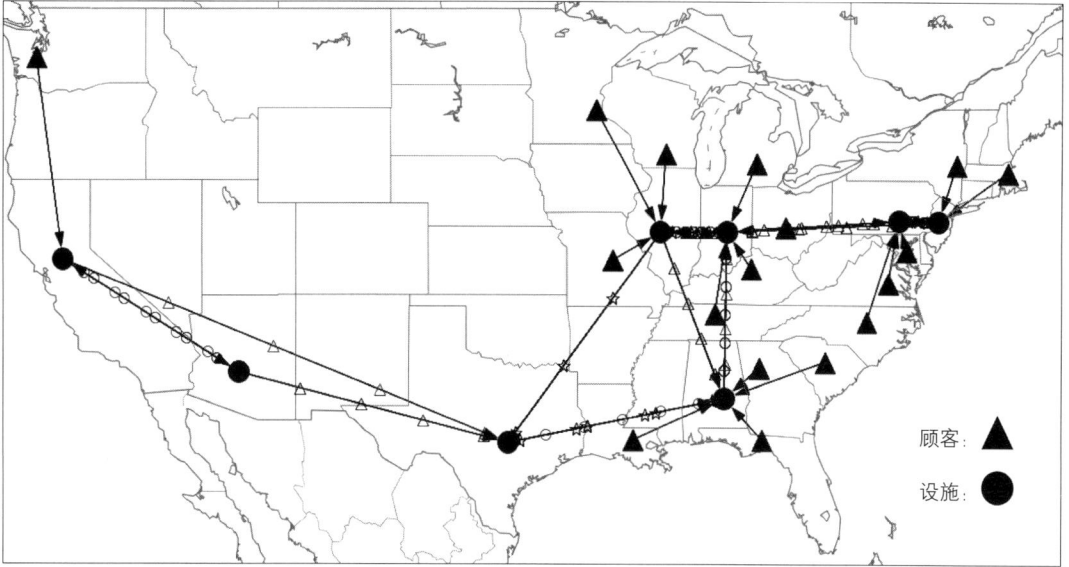

（c）

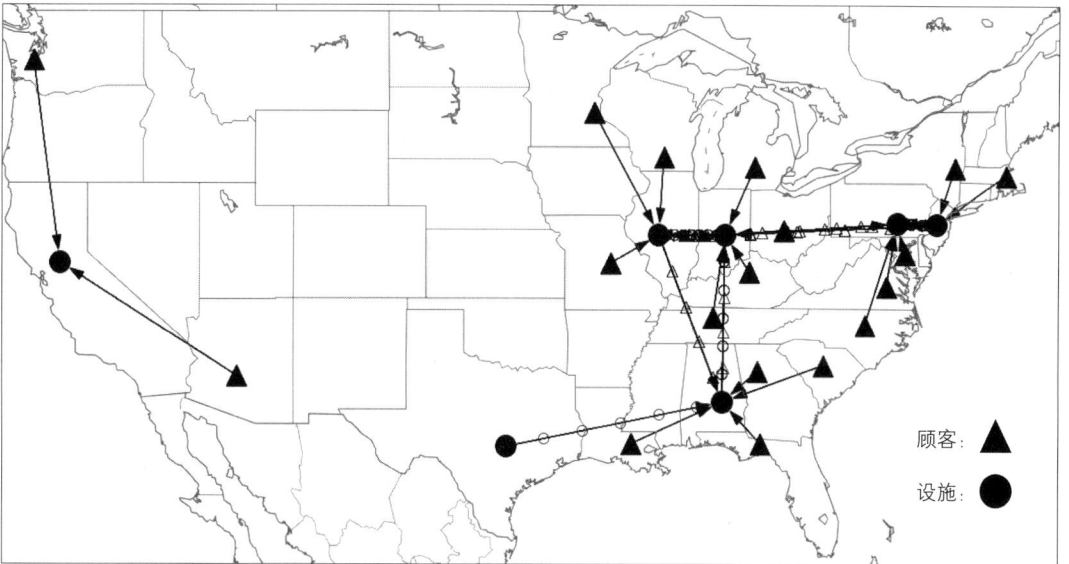

（d）

图5-4 不同损坏概率、惩罚费用下的优化布局方案（二）
（c）$\rho=0.3$，$\pi=10000$；（d）$\rho=0.3$，$\pi=1000$

（3）损坏概率数学特性不同情境下的优化布局方案分析

图5-5利用49对点数据对比分析了当损坏概率分布符合独立同分布、点依赖分布时的优化布局方案。考虑到不同分布下的损害概率略有差异，本书将独立同情景下的损害概率设定为与点依赖情景下的平均损坏概率相同，即 $p = \sum_{j \in \mathcal{J}} q_j / |\mathcal{J}|$。

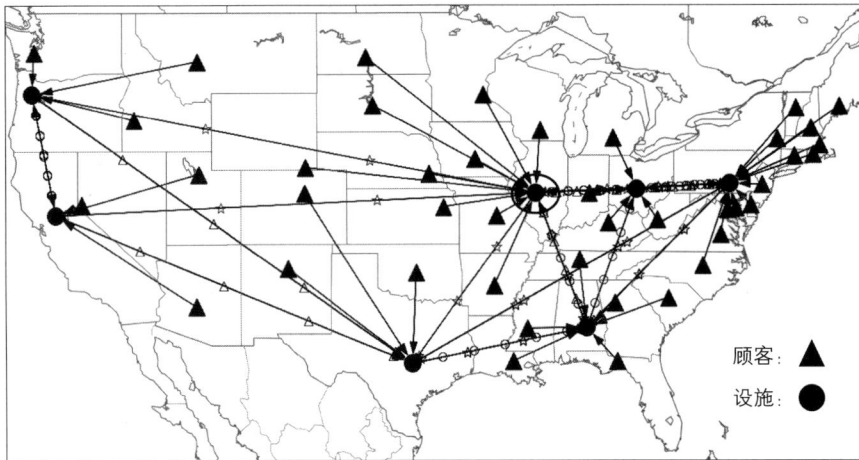

（a）

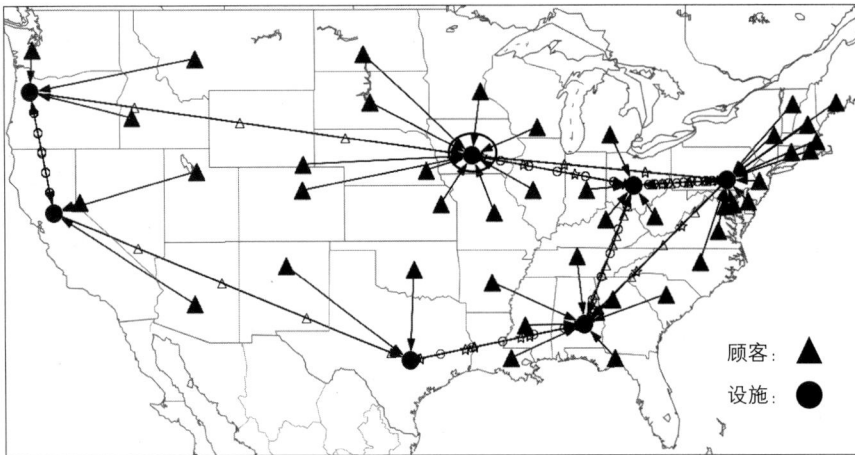

（b）

图5-5　点依赖和独立同分布的损坏概率下的优化布局方案
（a）点依赖$\rho=0.1$；（b）独立同分布$p=0.07$

通过图5-5对比分析发现，此时的设施布局更加紧凑，便于设施间相互支撑，互为备用设施（尤以图中圆圈圈出来的点最为明显）；顾客-设施访问线路更加复杂，这也是非常有趣的一个发现。

5.3.4 灵敏度分析

本小节将利用25对点数据，分别分析α、π、ρ和R等参数的灵敏度。

（1）R灵敏度分析

为了更好地阐明备用设施的功效，表5-2展示了随着R的增加，优化布局方案和系统成本的变化。

R的灵敏度分析 表5-2

R	选址点	建设成本	交通成本	惩罚成本	系统总成本
1	1,3,4,6,19	4.59E+05	4.63E+05	1.24E+06	2.16E+06
2	1,3,5,6,7,22	4.14E+05	4.63E+05	1.08E+05	9.85E+05
3	1,3,5,6,8,22	3.97E+05	4.85E+05	8.78E+03	8.90E+05
4	1,3,5,6,8,22	3.97E+05	4.85E+05	6.59E+02	8.83E+05
5	1,3,5,6,8,22	3.97E+05	4.85E+05	4.63E+01	8.82E+05
6	1,3,5,6,8,22	3.97E+05	4.85E+05	0.00E+00	8.82E+05
7	1,3,5,6,8,22	3.97E+05	4.85E+05	0.00E+00	8.82E+05
8	1,3,5,6,8,22	3.97E+05	4.85E+05	0.00E+00	8.82E+05
9	1,3,5,6,8,22	3.97E+05	4.85E+05	0.00E+00	8.82E+05
10	1,3,5,6,8,22	3.97E+05	4.85E+05	0.00E+00	8.82E+05

当$R=1$时，意味着顾客只能访问唯一的首要设施，没有任何备用设施，而当增加一个备用设施时，即$R=2$时，系统总成本大幅下降了54%，这些数据直接表明了增加备用设施的效用。随着R的上升，意味着更多的备用设施加入了网络中，建设成本和惩罚成本都随之下降，但交通费用却逐渐上升，这是由于备用设施加入后顾客的可选择性增加，导致顾客最大访问设备数会上升，以期获得相应的服务。

虽然系统子成本之间彼此制衡，但随着R增加系统总成本还是呈下降趋势：第一次增加备用设施导致系统总成本下降54%；后续系统总成本也处于阶梯性下降状态；最终稳定在比$R=1$时下降了59%左右。这些数据阐明了备用设施的必要性：合理设计网络系统的备用设施是一个切实可行的节约手段，在提高网络可靠性的同时，系统总成本降低了50%以上。

当R取值大于4之后，系统总成本变化开始变缓，下降幅度已经低于0.01%，说明此时增加备用设施收效甚微，反而增加了复杂度。因此，本节后续分析中取值$R=4$。

（2）α、π、ρ等参数灵敏度分析

本小节将对比分析本模型对α、π、ρ等参数变化时的敏感程度，从而研究参数变化时模型最优解的稳定性。图5-6（a）、（c）、（e）中正方形连接线表示建设费用（contruction cost）变化趋势；

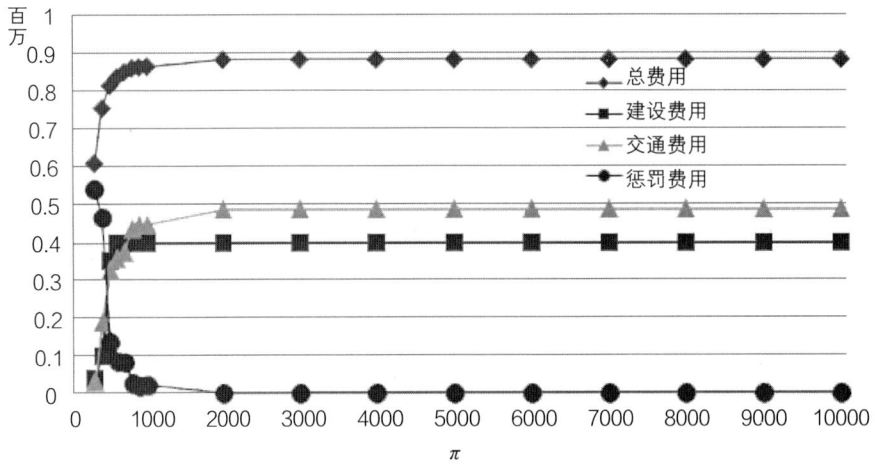

（a）

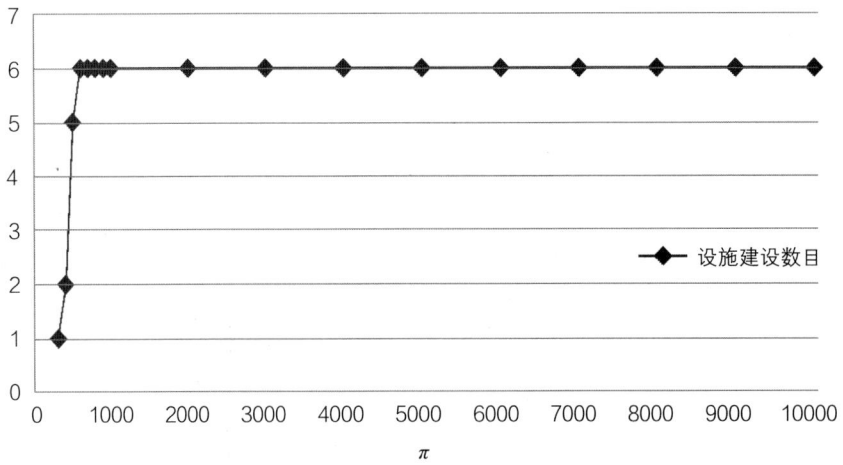

（b）

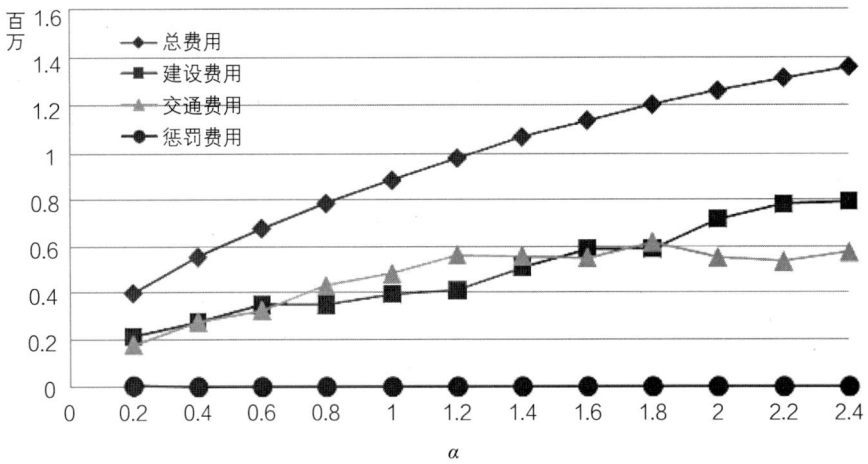

（c）

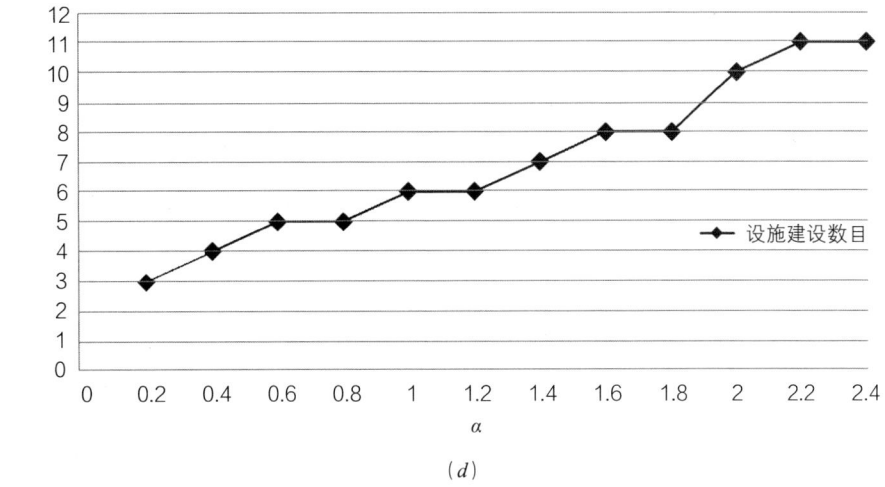

(d)

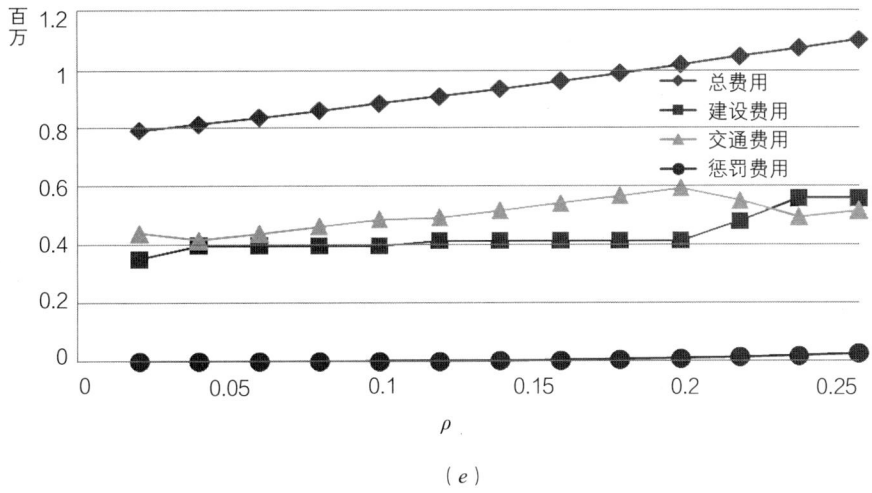

(e)

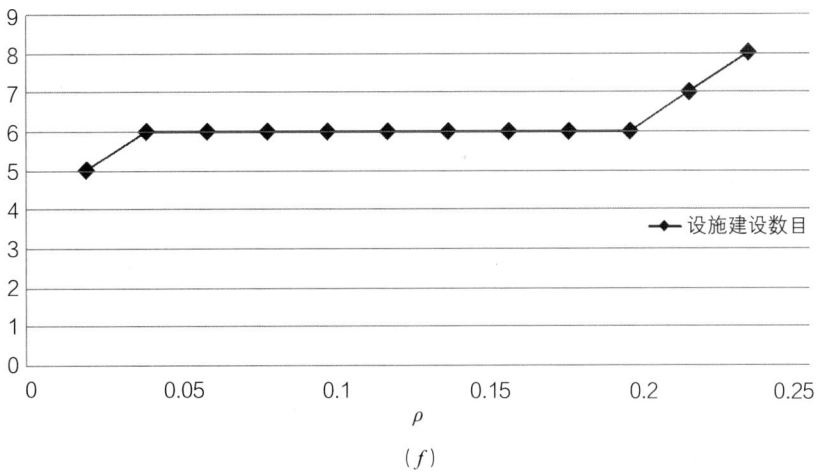

(f)

图5-6 α, π, ρ灵敏度分析

三角形连接线表示交通费用（transportation cost）变化趋势；圆形连接线表示惩罚费用（penalty cost）变化趋势；菱形连接线表示系统总费用（total system cost）变化趋势。图（b）、（d）、（f）展示了随着参数变化，相应设施建设数目变化，图中菱形连接线表示设施建设数目。

图5-6分别描绘了α、π和ρ取值发生变化时，本模型的优化结果如何变化，从而探讨各种影响因素，包括交通费率、损坏概率和惩罚费用的变化对最终优化策略的影响，基础参数的设定值为$\alpha=1$，$\rho=0.1$，$\pi=10000$，每次只有一个参数变动。

π是指每个顾客最终放弃服务时得到的单位惩罚费用，图5-6（a）展示了系统各子成本和总成本随着π从0~10000的增长而变化的过程，图5-6（b）表示随着π的变化，相应设施建设数量的变化趋势。当π的取值较小（例如小于等于300）时，并没有任何设施被建设，惩罚费用即系统总费用；当顾客放弃出行计划所遭受的损失很小时，建设任何设施点的费用都相对而言太高了，以经济理性角度，最优化的取舍就是不建设任何设施，所有的顾客都放弃服务。随着π的不断增加（取值从300增长到1000），可以看到建设的设施数目越来越多，顾客开始进行转移，试图寻找到适宜的设施以获得服务；由此导致的建设费用急速上升，并且开始产生逐渐增加的交通费用；而与此相对应的是迅速下降的惩罚费用，系统总成本处于上升状态。随着π的继续增长（取值已经大于1000），系统一直维持建设6个设施的状态，建设费用和交通费用有小幅度起伏，但系统总费用维持了一个平稳的状态。因此，适当地增加后备设施能够有效地降低惩罚费用，提高系统可靠性，但当惩罚费率高到一定界限后，系统已经保持较高的鲁棒性，处于稳定状态。

图5-6（c）展示了系统各子成本和总成本随着交通费率α从0~2.4的增长而变化的过程，图5-6（d）表示随着α的变化，相应设施建设数量的变化趋势。图5-6（c）中交通费用、建设费用甚至设施建设数量都随着交通费率α的增加有明显的上升，但是惩罚费用则基本与α没有任何关系，惩罚费用一直维持着较低的水平。单位交通成本可以简单用α乘以从位置j到位置j'的距离得到，因此交通费用会随着α的增加而增加；为平衡急速上升的交通费用，必须多建设一些设施降低每个顾客和节点之间的距离，也因此导致了建设费用有所增加。而惩罚费用一直维持在较低水平且并不随交通费率α变化而变化的原因在于，此时系统的分配等级$R=4$，对每个顾客而言，已经分配了足够多的备份节点来提供服务，因此此时的惩罚费用一直处于最低值的状态，与α无关。

图5-6（e）展示了系统各子成本和总成本随着损坏概率ρ从0~0.25的增长而变化的过程，图5-6（f）表示随着ρ的变化，相应设施建设数量的变化趋势。图5-6（e）中各成本大多随着ρ的增加而增加，但惩罚费用大不相同：当损坏概率较低（$\rho \leqslant 0.2$）时，惩罚费用的变化并不明显，当ρ继续增大时才开始略有增长。图5-6（f）中设施建设数目也相对变化但幅度较小，说明此时系统鲁棒性较好，即使面临损坏概率上升，系统的总成本有所上升但设施建设数目、各子成本变化范围都相对有限。

5.4　本章小结

本章增加了设施损坏概率符合点依赖分布的假设，即每个设施面临的地理位置、交通条件等外在因素不同而具有完全不同的损坏概率，换言之，每个设施建成后都有属于自身的、独一无二的损坏概率。该假设更加符合现实情境，以此为基础构建了新的非线性整数规划模型——考虑到点依赖损坏概率的有限信息可靠性选址模型。

本模型仍然基于有限信息情境下顾客利用"试错策略"获取服务的基本思路，通过优化设施布局建设方案和顾客访问策略，在降低系统总成本前提下提高系统的可靠性，并利用选址模型中常用的4组实例数据进行了实例分析，证明本模型的科学性和实用性，并通过对优化结果的对比分析和部分参数的灵敏度分析，提出了一些对网络设施选址有借鉴意义的结论。

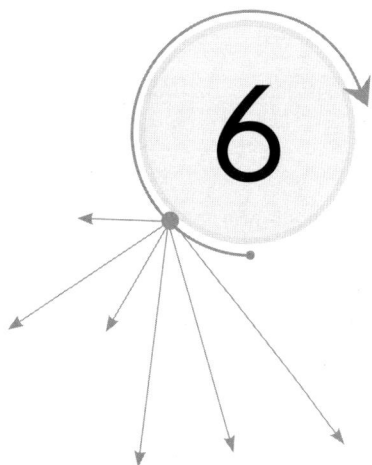

6 结论与展望

6.1 研究结论

本书通过查阅大量文献，在分析借鉴国内外研究成果的基础上，对交通运输网络可靠性选址问题的理论方法进行了较为系统、深入的研究，并对其中的关键科学问题进行了分析与建模，提供了相应的算法，开展了如下主要研究工作：

（1）给出了"试错"访问策略的概念

在考虑到节点失效的可能性后，本书从实际情况出发，认为信息网络很有可能随着节点的失效而失效，特别是在发生大规模破坏性事件的情况下。基于该有限信息假设，本书提出了一种全新的顾客访问策略。无论任何情况下，节点失效与否，顾客并不能得知节点实时运营状态，他只能逐个访问指定次序的一组节点，如图2-2所示。节点和访问次序都是根据预期失效概率与系统总费用来确定的。

在"试错"访问策略中，任何情境下，每个顾客都只会按照提前确定的访问次序来依次访问指定的节点，并会停留在第一个可获得服务的节点，或者遍访无果后，放弃出行服务并接受惩罚费用。

（2）构建了基于有限信息下的可靠性节点选址模型

基于本书发现的"试错"访问策略，本书构建了一个基于有限信息下的可靠性选址模型：通过假设每个节点的损坏概率是独立且相等的，我们将该问题简化为一个简洁的整数规划模型；与传统选址模型不同，本模型的决策变量并不只是确定建设节点的位置和数量，还要确定每个顾客的访问次序，以获得最优的目标值；该模型的目标函数是预期系统总费用最低，包括节点的一次性建设费用，顾客获得服务产生的交通费用和顾客放弃服务产生的惩罚费用。

（3）构建了基于拉格朗日松弛算法的求解方法，并用实例数据验证了模型和算法的高效性和适用性

由于软件市场中现有软件并不能够有效地对IR-UFL模型进行求解，本书构建了基于拉格朗日松弛算法的求解方法，发现该方法在求解实际问题中的效率更高，得到的结果更好：例如在损坏概率为0.2，求解88对点之时，LR算法只用了176.7s，而CPLEX和Gurobi两种软件的求解时间都超过了1000s；并且此时三种求解方法的优化误差分别为2.43%、23.06%和16.10%；从这个简单的对比中，可以看出本书构建算法的高效性。

（4）利用对实例数据的优化结果对比分析，得出了许多对管理有益的建议

例如，在考虑到节点失效因素的时候，选址规划通常会出现密集区域的现象，预期的损坏概率越高，建设的节点数量和聚集程度也就越高；与直观想法不同，顾客并不一定被分配到离他所在位置最近的节点，反而有可能被优先分配到距离较远但是附近有备用节点的位置，这样才能够有效地降低总的期望交通费用；对R的分析证明了提供备用节点可以有效地降低系统总费用，极大地提高了系统的有效性和鲁棒性。

（5）构建了考虑到点依赖损坏概率的有限信息可靠性选址模型

在IR-UFL模型基础上更换了设施损坏概率的分布函数，令其符合点依赖分布，即每个设施损坏概率是独一无二的。该假设更加符合现实情境，以此为基础构建了新的非线性整数规划模型——考虑到点依赖损坏概率的有限信息可靠性选址模型。基于有限信息情境下顾客利用"试错策略"获取服务的基本思路，通过优化设施布局建设方案和顾客访问策略，在降低系统总成本前提下提高系统的可靠性，并利用4组实例数据进行了实例分析，通过对优化结果的对比分析和部分参数的灵敏度分析，得到一些有借鉴意义的结论。

本书的研究可以提高人们对有限信息的认识，拓展在可靠性选址模型中增加信息因素的研究思路；可靠性选址模型的构建可以有效地增强基础设施系统的可靠性，即使信息网络全部或者部分都随着节点的失效而失效了，特别是发生大规模的破坏性事件时，该模型可以显著增强综合交通网络可靠性和弹性，间接增强社会稳定性，有助于提高社会福祉。

6.2 主要创新点

本书在前人工作及前期工作的基础之上，针对交通运输网络可靠性选址问题中的关键科学问题，进行了深入的研究。本书的贡献主要在于：

首先，本书构建的IR-UFL模型为节点选址问题的研究提供了一种在有限信息下的全新顾客访问策略，该策略甚至与同样考虑到有限信息下Berman模型的基于距离的访问次序不同，

随机数例和实际案例都证明了Berman访问次序并不是最优的。本书还深入分析了第3章构建的IR-UFL模型的重要性质。该模型既可以认为是在有限信息下的可靠性选址模型，在指定条件下，该模型还可以变为完全信息下的选址模型；在不同的信息可得性假设下，本书进一步对比了二者成本的构成，发现完全信息下系统成本总是不大于有限信息下的成本。

然后，本书构建了一种基于拉格朗日松弛算法的求解方法，该方法虽然只是求得次优解，却可以在合理的时间内，得到具有较好的最优误差的优化结果，具有较高的科学性和实用性。

本书还构建了考虑到点依赖损坏概率的有限信息可靠性选址模型，与2009年Berman提出的P-中位问题不同，他不仅规定了设施的建设数量，而且完全忽略了不同位置点的设施建设成本、面临的损坏风险并不相同；为此本书不仅考虑到了长期的运营成本，还为每个位置设置了不同的建设成本（site-dependent facility investment）和损坏概率（disruption probability rate），所以此时要考虑到运营成本和建设成本之间的效益背反效应，才能达到系统总期望成本最低的目的。这种研究思路丰富了该领域的研究，对后继学者具有极大的借鉴意义。

对比国内外相关理论研究，本书的创新点可简要归纳如下：

（1）在交通运输节点的选址布局问题中，首次采用"试错法"的顾客访问策略，并创新性地将试错过程合理分解，最终将有限信息下的可靠性选址问题构建成一个高度精简的整数规划模型。

（2）用严格数学证明的方式，证明了传统UFL模型是有限信息可靠性选址模型的一个特例。

（3）定制了基于拉格朗日松弛算法的求解方法，并用数理分析和实例数据验证了该算法的可行性和有效性。

（4）分析了美国4组不同的实例数据的优化结果，验证了模型和算法的实用性和适用性，并得出一些对交通运输节点的规划管理具有借鉴意义的结论：如当节点的失效概率越高时，越应选择密集度高的区域建设或扩建节点。

（5）构建了考虑到点依赖损坏概率的有限信息可靠性选址模型，假设每个位置建设成本和损坏概率各不相同，从而得到了更加贴合实际的优化布局方案，并利用实例数据进行了模型验证和分析，得到了一些具有借鉴意义的结论。

6.3 研究展望

随着中国综合交通的高速发展，越来越多的交通运输节点，以综合客运枢纽、综合货运站场等形式进入人们的视野，与之相关的设计、建设重要性也必将越来越突出。本研究能够为节点选址时提供决策依据，回答了交通运输节点发展过程中相关的许多亟待解决的问题，取得了一定的成果和进展。

但随着我国电子商务和快递物流的高速发展，消费模式更迭频率加快，"小批量、多频次、多样化、个性化"配送需求激增，快递物流行业的供给侧结构性改革迫在眉睫，需要构建高效、绿色、可靠的快递物流供给服务体系。从"绿色、可靠"角度出发，科学合理地对基础设施网络进行布局，提高铁路等清洁运输方式的结构性占比，发挥铁路在中长距离运输中的骨干作用，降低快递物流网络成本，提高网络可靠性，满足绿色发展的要求，是源于国家发展需求、具有鲜明需求导向和问题导向特征的，通过解决技术瓶颈背后的核心科学问题，促使基础研究成果走向应用，将是本领域的重点、热点研究方向。

建立绿色、可靠的快递物流网络，首先要进行运输结构的调整，即提高铁路和电动汽车等绿色运输方式在快递物流中的应用。运输结构的调整需要从顶层设计出发，对相应的设施（综合交通枢纽、集散中心、基层网点等）进行合理的选址布局，并在其约束下合理规划配送路径，从而能够在保证效益的前提下最大化地利用绿色运输方式。其次，由于自然灾害和人为因素的影响会造成快递物流网路的中断，产生巨大的经济损失，因此在网络选址布局阶段需要考虑设施失效的风险，设置合理的备用设施，从而使网络在发生中断的情景下尽可能降低经济损失，提高网络可靠性。因此，建立绿色、可靠的快递物流网络面临着一项非常重要的决策问题，即如何在考虑设施可靠性的基础上，统筹优化绿色快递物流网络的设施选址布局及电动汽车配送路径。

设施失效风险的引入会使得设施选址布局以及配送路径规划问题变得更加复杂，在选址过程中不仅要考虑设施正常运行情境下的成本，而且要考虑降低设施出现失效情景下的成本，加之配送路径问题的融入，进一步使得对该问题进行建模和求解变得更加困难。因此，亟需以先进的网络设计理论为指导，通过对设施失效情景下快递物流网络设施选址和路径设计的特性进行分析，研究在绿色运输方式下多级快递物流网络设施失效传播机理，建立多级快递物流网络设施选址和路径优化的模型并设计高效的求解算法，以获得快递物流网络的设施布局方案和配送方案，并对其实施的效果进行量化评价，最终达到增强快递物流网络的可靠性及建立环境友好型的快递物流网络的目的。

既有的选址问题、车辆路径问题以及选址-路径统筹优化的研究中，考虑设施永久有效的研究成果非常丰富，但考虑设施失效风险（即设施可靠性）的研究还比较薄弱，考虑到设施间失效关联性研究更是微乎其微。但对于以铁路网为主的快递物流网络来说其设施之间具有很强的关联性，如何依据其关联性开展快递物流干线运输网络的设施可靠性选址研究是十分必要的，如此才能为建立合理的快递物流干线运输网络提供理论依据，提高网络的可靠性。在车辆路径问题尤其是选址-路径问题的研究中考虑设施可靠性的研究非常匮乏。而快递物流末端配送网络中受限于电动汽车充电技术的影响，充电站会经常处于没有空闲的状况，即处于失效状态，因此在快递物流末端配送网络的选址-路径问题研究中考虑设施可靠性是十分必要的，如此才能尽可能减少电动汽车寻求充电站的成本，提高配送网络的效率和效益，为快递物流末端网络的设计提供理论支撑，实现快递物流的绿色发展。

综上，揭示以铁路网为主的快递物流干线运输网络以及以电动汽车为主要运输方式的末端配送网络的设施关联性和可靠性等特性，分别构建符合该特性的快递物流网络选址模型以及选址-路径模型，并设计相应的高效求解算法，对网络设计理论发展具有重要的理论意义，并对快递物流网络设计具有一定的现实意义。

其中，基础设施空间布局是供给服务体系中的重要硬件条件，是快递物流网络运行最基本的物理空间约束，若通过对基础设施布局与配送路径优化的有机耦合，统筹考虑建设、运营、绿色发展等要素，提高供给服务体系的可靠性、柔性和顾客响应度，以达到快递物流服务网络降本增效的系统总目标，将是本书作者后续的重点研究方向。

以上这些问题的深入研究，将为更进一步探讨有限信息下节点选址问题提供重要的理论，也将促使交通运输节点规划研究理论体系向更高层次研究的方向发展。唯如此，我国交通运输节点的规划、建设的水平才能不断得到提升，顾客才能得到更高标准、更人性化的交通运输服务，体现我国"以人为本"的交通服务理念。

附录1

IR-UFL模型案例分析——原始数据表

（1）49对点数据见附表1-1。

49对点　　　　　　　　　　　　　　　　　　　　　附表1-1

城市	纬度（N）	经度（W）	人口数	固定建设成本（美元）
1	38.56685	121.46736	29760021	115800
2	42.66575	73.799017	17990455	101800
3	30.30588	97.750522	16986510	72600
4	30.457	84.281399	12937926	72400
5	40.27605	76.884503	11881643	38400
6	39.781433	89.644654	11430602	59200
7	39.988933	82.987381	10847115	66000
8	42.7091	84.553996	9295297	48400
9	40.2234	74.764224	7730188	71300
10	35.82195	78.658753	6628637	96600
11	33.7629	84.422592	6478216	71200
12	37.53105	77.474584	6187358	66600
13	42.336029	71.017892	6016425	161400
14	39.7764	86.146196	5544159	60800
15	38.571902	92.190459	5117073	61500
16	43.0798	89.387519	4891769	75200
17	36.17155	86.784829	4877185	74400
18	47.041917	122.893766	4866692	77800
19	38.97165	76.503033	4781468	138500
20	44.947744	93.103686	4375099	70900
21	30.448967	91.126043	4219973	67900

续表

城市	纬度（N）	经度（W）	人口数	固定建设成本（美元）
22	32.3544	86.284287	4040587	62200
23	38.19077	84.865203	3685296	61500
24	33.54255	112.071399	3665228	77100
25	34.039236	80.886341	3486703	72600
26	39.768035	104.872655	3294394	79000
27	41.7657	72.683866	3287116	133800
28	35.46705	97.513491	3145585	54900
29	44.9245	123.022057	2842321	60300
30	41.576738	93.617405	2776755	49500
31	32.3205	90.207591	2573216	54600
32	39.0379	95.691999	2477574	48800
33	34.7224	92.354076	2350725	64200
34	38.35055	81.630439	1793477	66100
35	40.777267	111.929921	1722850	67200
36	40.8164	96.688171	1578385	61700
37	35.678502	105.954149	1515069	99000
38	44.330647	69.729714	1227928	79500
39	39.148328	119.743243	1201833	99300
40	43.231594	71.560077	1109252	112400
41	43.606651	116.2261	1006749	67700
42	41.82195	71.419732	1003464	113000
43	46.596522	112.020381	799065	63200
44	44.372982	100.322483	696004	59500
45	39.158691	75.517441	666168	88700
46	46.805467	100.767298	638800	67900
47	38.90505	77.016167	606900	123900
48	44.266482	72.571854	562758	94100
49	41.14545	104.792349	453588	68700

（2）75对点数据见附表1-2。

75对点　　　　　　　　　　　　　　附表1-2

城市	纬度（N）	经度（W）	人口数	固定建设成本（美元）
1	34.289573	91.37655	189710	78551
2	33.190835	91.77227	219410	64365
3	36.28071	92.33044	421570	117721
4	36.337825	94.25619	2255040	153400
5	36.304308	93.0792	368210	108405
6	33.463819	92.16816	117900	61613
7	33.56046	92.51388	51960	49650
8	36.337774	93.54166	279380	119521
9	33.267139	91.29716	118230	52826
10	34.053312	93.17621	238350	80986
11	36.367302	90.4187	155850	60766
12	35.566288	92.05997	256000	109464
13	33.893201	92.18871	84360	67224
14	33.21507	93.2269	238540	76540
15	35.265702	92.68925	207990	82892
16	35.828263	90.63041	954570	107600
17	35.583041	94.23622	601020	97289
18	35.211878	90.31533	530220	106076
19	35.291259	90.77389	185440	75058
20	33.967823	92.654	79910	56002
21	33.828748	91.24443	133580	55896
22	33.587242	91.72278	186240	73258
23	35.146356	92.32465	1093860	133600
24	35.508573	93.88767	180160	83527

城市	纬度（N）	经度（W）	人口数	固定建设成本（美元）
25	36.383443	91.81924	115850	86491
26	34.578861	93.14692	984790	127200
27	34.288063	92.42398	177600	101841
28	36.119922	90.56524	409960	90408
29	33.728611	93.66581	230270	69023
30	34.315177	92.94415	317870	79610
31	34.083179	93.99099	142910	72623
32	35.737499	91.55994	346340	84903
33	36.094879	91.91363	130380	82362
34	35.596605	91.22318	166580	64577
35	34.277695	91.9307	787050	78900
36	35.573359	93.46632	249940	81621
37	33.24066	93.61164	75040	46369
38	36.041098	91.10115	168820	59919
39	34.77975	90.77929	103190	55579
40	33.957665	91.72762	135530	68706
41	33.699497	94.22977	129520	77493
42	35.218549	93.72056	223420	79822
43	34.755114	91.89413	666770	121500
44	36.012545	93.72405	158750	104911
45	36.266656	92.67859	165940	98665
46	33.305505	93.90151	435220	91043
47	35.766943	90.05221	466050	69447
48	34.679513	91.20331	81710	53991
49	34.545652	93.66415	90090	82256
50	33.666699	93.30507	91640	60025
51	35.910062	93.21508	81910	80669
52	33.591158	92.87842	254320	61507
53	34.946363	92.92688	103120	88714

续表

城市	纬度（N）	经度（W）	人口数	固定建设成本（美元）
54	34.425842	90.84839	209210	59919
55	34.158191	93.65866	106270	76328
56	35.568981	90.6806	246820	67859
57	34.490915	94.23088	202590	83315
58	35.455297	93.03154	602140	98983
59	34.828225	91.5572	85820	73999
60	34.773988	92.31652	3819040	131900
61	36.341298	91.02844	179520	72094
62	34.648525	92.67446	994490	134100
63	35.014438	90.7422	262550	64895
64	34.858869	94.06364	111230	71882
65	35.90966	92.69935	79440	71247
66	35.196981	94.27499	1235970	111800
67	33.994608	94.24329	169040	76116
68	36.173399	91.47107	176640	78657
69	35.856989	92.14049	119910	84056
70	33.168219	92.59815	427820	71141
71	35.582959	92.51598	164180	80351
72	35.971209	94.21842	2001810	160100
73	35.254722	91.75316	763380	99500
74	35.189071	91.24442	73590	56849
75	34.997713	93.4083	224960	75375

（3）88对点数据见附表1-3。

88对点　　　　　　　　　　　　　　　附表1-3

城市	纬度（N）	经度（W）	人口数	固定建设成本（美元）
1	40.67054	73.94548	7322564	189600
2	34.1121	118.4112	3485398	244500

续表

城市	纬度（N）	经度（W）	人口数	固定建设成本（美元）
3	41.83705	87.68497	2783726	78700
4	29.7687	95.38673	1630553	58000
5	40.00682	75.13468	1585577	49400
6	32.81495	117.1358	1110549	189400
7	42.3831	83.1022	1027974	25600
8	32.79415	96.76525	1006877	78800
9	33.54255	112.0714	983403	77100
10	29.45765	98.50536	935933	49700
11	37.304	121.8498	782248	259100
12	39.3008	76.61062	736014	54700
13	39.7764	86.1462	731327	60800
14	37.79325	122.5548	723959	298900
15	30.33454	81.6577	635230	62900
16	39.98893	82.98738	632910	66000
17	43.06344	87.96674	628088	53500
18	35.10578	90.00572	610337	55700
19	38.90505	77.01617	606900	123900
20	42.33603	71.01789	574283	161400
21	47.6218	122.3503	516259	137900
22	31.84925	106.4375	515342	58500
23	41.4797	81.67851	505616	40900
24	30.06585	89.93136	496938	69600
25	36.17155	86.78483	488374	74400
26	39.76804	104.8727	467610	79000
27	30.30588	97.75052	465622	72600
28	32.7539	97.33625	447619	59900
29	35.46705	97.51349	444719	54900
30	45.53856	122.6582	437319	59200

续表

城市	纬度（N）	经度（W）	人口数	固定建设成本（美元）
31	39.12247	94.55478	435146	56100
32	33.7889	118.1598	429433	222900
33	32.19582	110.8917	405390	66800
34	38.63605	90.2443	396685	50700
35	35.19755	80.83451	395934	81300
36	33.7629	84.42259	394017	71200
37	36.73936	76.04367	393069	96500
38	35.11722	106.6246	384736	85900
39	37.77154	122.2246	372242	177400
40	40.43921	79.9767	369879	41200
41	38.56685	121.4674	369365	115800
42	44.96185	93.26685	368383	71700
43	36.12775	95.91641	367302	60500
44	39.1398	84.50596	364040	61900
45	25.77567	80.21085	358548	79200
46	36.7806	119.7929	354202	80300
47	41.2639	96.01175	335795	54600
48	41.66395	83.58165	332943	48900
49	42.8898	78.85968	328123	46700
50	37.68735	97.34267	304011	56700
51	44.94774	93.10369	272235	70900
52	30.44897	91.12604	219531	67900
53	35.82195	78.65875	207951	96600
54	37.53105	77.47458	203056	66600
55	32.3205	90.20759	196637	54600
56	41.57674	93.61741	193187	49500
57	40.8164	96.68817	191972	61700
58	43.0798	89.38752	191262	75200

续表

城市	纬度（N）	经度（W）	人口数	固定建设成本（美元）
59	32.3544	86.28429	187106	62200
60	34.7224	92.35408	175795	64200
61	41.82195	71.41973	160728	113000
62	40.77727	111.9299	159936	67200
63	41.7657	72.68387	139739	133800
64	42.7091	84.554	127321	48400
65	43.60665	116.2261	125738	67700
66	30.457	84.2814	124773	72400
67	39.0379	95.692	119883	48800
68	44.9245	123.0221	107786	60300
69	39.78143	89.64465	105227	59200
70	42.66575	73.79902	101082	101800
71	34.03924	80.88634	98052	72600
72	40.2234	74.76422	88675	71300
73	38.35055	81.63044	57287	66100
74	35.6785	105.9541	55859	99000
75	40.27605	76.8845	52376	38400
76	41.14545	104.7923	50008	68700
77	46.80547	100.7673	49256	67900
78	39.14833	119.7432	40443	99300
79	43.23159	71.56008	36006	112400
80	38.5719	92.19046	35481	61500
81	47.04192	122.8938	33840	77800
82	38.97165	76.50303	33187	138500
83	39.15869	75.51744	2763	88700
84	38.19077	84.8652	25968	61500
85	46.59652	112.0204	24569	63200

城市	纬度（N）	经度（W）	人口数	固定建设成本（美元）
86	44.33065	69.72971	21325	79500
87	44.37298	100.3225	12906	59500
88	44.26648	72.57185	8247	94100

（4）150对点数据见附表1-4。

150对点　　　　　　　　　　　　　　　　　　　附表1-4

城市	纬度（N）	经度（W）	人口数	固定建设成本（美元）
1	40.67054	73.94548	8103677	840000
2	34.1121	118.4112	3805387	760000
3	41.83705	87.68497	2934854	610000
4	29.76805	95.38733	2028533	420000
5	40.00682	75.13468	1522870	530000
6	32.81495	117.1358	1395817	260000
7	42.3831	83.1022	1260010	590000
8	32.79315	96.76747	1234150	460000
9	33.54255	112.0714	1188531	230000
10	29.45765	98.50536	960279	400000
11	37.304	121.8498	921724	650000
12	39.3008	76.61062	804020	290000
13	39.7764	86.1462	799977	590000
14	37.79325	122.5548	761895	530000
15	30.33454	81.6577	714871	440000
16	39.98893	82.98738	681734	290000
17	43.06344	87.96674	665829	450000
18	35.1056	90.00699	663740	410000
19	38.90505	77.01617	605315	450000
20	42.33603	71.01789	597674	450000

续表

城市	纬度（N）	经度（W）	人口数	固定建设成本（美元）
21	47.6218	122.3503	585273	400000
22	31.84925	106.4375	583680	470000
23	41.4797	81.67851	583008	330000
24	30.06584	89.93136	578298	290000
25	36.17155	86.78483	577817	450000
26	39.7679	104.8728	559884	310000
27	30.30493	97.75066	555194	450000
28	35.46705	97.51349	542334	430000
29	45.53856	122.6582	517995	400000
30	39.12247	94.55478	514247	390000
31	33.7889	118.1598	513913	200000
32	32.19582	110.8917	488633	340000
33	38.63605	90.2443	480690	400000
34	35.19755	80.83451	475333	430000
35	33.7629	84.42259	455452	370000
36	36.73936	76.04367	448042	270000
37	35.11722	106.6246	440449	320000
38	37.77154	122.2246	437232	260000
39	40.43921	79.9767	435548	400000
40	38.56685	121.4674	419198	210000
41	44.96185	93.26685	418810	270000
42	36.12775	95.91641	411438	380000
43	39.1398	84.50596	399091	400000
44	25.77567	80.21085	394285	380000
45	36.7806	119.7929	392054	210000
46	41.2639	96.01175	379351	240000
47	41.66395	83.58165	375418	260000
48	42.8898	78.85968	353313	210000

续表

城市	纬度（N）	经度（W）	人口数	固定建设成本（美元）
49	37.68735	97.34267	348770	270000
50	33.7364	117.8821	348091	220000
51	33.41774	111.7403	345735	240000
52	38.8632	104.7599	337830	210000
53	27.959	82.48212	335736	220000
54	40.7241	74.17325	332869	330000
55	44.94774	93.10369	315118	290000
56	38.22475	85.74116	314287	180000
57	33.8389	117.8723	296134	170000
58	33.52758	86.80004	294233	210000
59	32.6945	97.12751	290532	210000
60	36.9232	76.24494	288092	180000
61	36.20575	115.2228	285821	220000
62	27.70573	97.29283	278223	180000
63	27.758	82.64212	264715	190000
64	43.16865	77.61584	262802	200000
65	40.7113	74.06496	260365	160000
66	33.94044	117.3974	257099	240000
67	38.04275	84.45946	254450	170000
68	41.0804	81.5215	251066	140000
69	39.71227	104.7298	245551	160000
70	30.44897	91.12604	244160	210000
71	37.96985	121.3067	241004	160000
72	35.82195	78.65875	234507	220000
73	37.53105	77.47458	231780	180000
74	32.47195	93.80005	231197	190000
75	32.31973	90.20854	230543	140000
76	30.67745	88.08896	229679	120000

续表

城市	纬度（N）	经度（W）	人口数	固定建设成本（美元）
77	41.57674	93.61741	228056	120000
78	40.8164	96.68817	224040	200000
79	43.0798	89.38752	222391	130000
80	42.96125	85.65573	218112	130000
81	40.94703	73.86751	214178	110000
82	25.86175	80.29677	210961	170000
83	32.3544	86.28429	209500	180000
84	33.57585	101.8754	208924	120000
85	36.0789	79.82689	208869	160000
86	39.77907	84.19736	207215	140000
87	33.69176	118.0081	204793	200000
88	32.9108	96.6293	203835	160000
89	34.17672	118.2533	203360	180000
90	47.6723	117.414	201780	130000
91	47.252	122.4598	201456	190000
92	34.7224	92.35408	201152	170000
93	35.3577	119.0046	200811	130000
94	37.52851	121.9971	200808	120000
95	41.07375	85.13902	200502	160000
96	38.87872	77.10191	199673	190000
97	37.07585	76.51416	198961	190000
98	42.26963	71.80892	198683	180000
99	35.97455	83.94629	198422	120000
100	37.6598	120.9939	195404	190000
101	28.50475	81.37425	195268	160000
102	34.13975	117.2923	194823	100000
103	43.04106	76.14407	194788	140000
104	41.82195	71.41973	194507	190000

续表

城市	纬度（N）	经度（W）	人口数	固定建设成本（美元）
105	40.77727	111.9299	193625	170000
106	34.70705	86.62772	192696	130000
107	35.2035	101.8188	192594	170000
108	42.11503	72.53905	192322	180000
109	32.85769	96.96934	190949	150000
110	35.06621	85.25696	189883	180000
111	36.67881	76.30877	188035	130000
112	39.11847	94.72712	187326	140000
113	29.9976	90.1774	186576	100000
114	26.14255	80.1395	186522	130000
115	33.58413	112.2016	185223	180000
116	42.493	83.0282	183346	170000
117	36.1021	80.26291	180284	100000
118	33.77875	117.9594	178750	100000
119	34.19743	119.2137	178097	140000
120	33.38835	111.9306	176510	90000
121	41.18632	73.19621	175456	100000
122	40.91445	74.16341	175149	130000
123	43.02285	83.6928	170139	90000
124	37.1962	93.2861	169029	170000
125	41.7657	72.68387	167603	140000
126	42.2703	89.06315	166973	160000
127	32.02436	81.13165	165848	80000
128	35.98045	78.91498	162735	120000
129	32.62845	117.0447	159995	110000
130	39.5387	119.8225	159318	120000
131	37.04985	76.29498	157841	100000
132	34.05441	117.6058	156005	80000

续表

城市	纬度（N）	经度（W）	人口数	固定建设成本（美元）
133	33.8348	118.3404	155609	150000
134	34.05895	117.7614	155580	130000
135	34.1607	118.1387	154285	140000
136	41.3101	72.92407	153946	90000
137	33.68599	111.8705	153811	100000
138	33.0462	96.74666	152128	130000
139	33.22507	117.3103	152012	140000
140	42.7096	84.55489	151773	130000
141	39.6952	105.1136	151499	80000
142	34.03265	118.1686	151023	90000
143	37.98415	87.5433	150561	130000
144	43.60665	116.2261	149061	80000
145	30.457	84.2814	148780	120000
146	36.08083	115.1336	147363	110000
147	27.5343	99.4866	147353	150000
148	26.02982	80.16476	147330	120000
149	39.0379	95.692	147106	130000
150	29.6606	95.15202	146642	110000

IR-UFL模型案例分析——候选位置示意图

（1）49对点示意图如附图2-1所示。

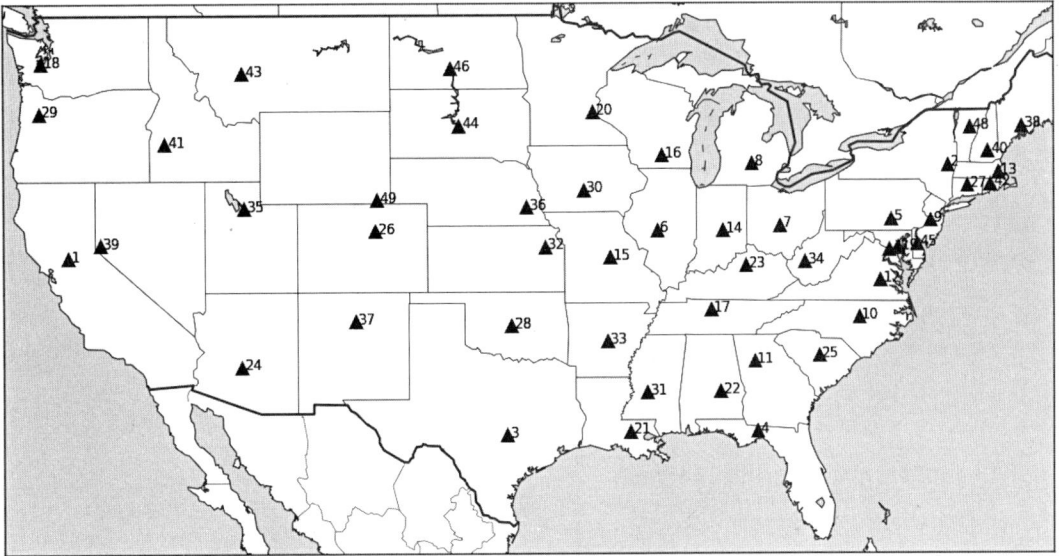

附图2-1　49对点示意图

（2）75对点示意图如附图2-2所示。

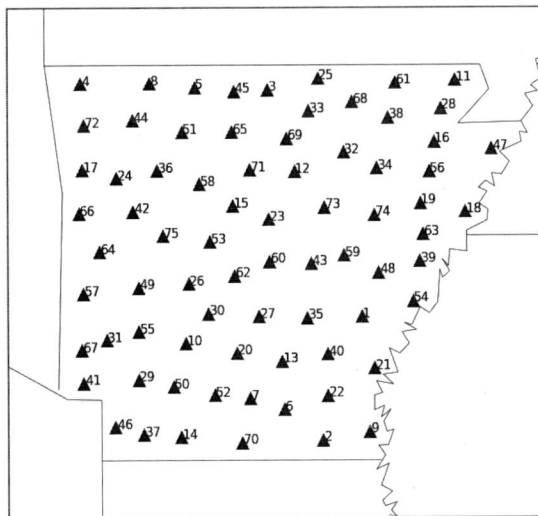

附图2-2　75对点示意图

（3）88对点示意图如附图2-3所示。

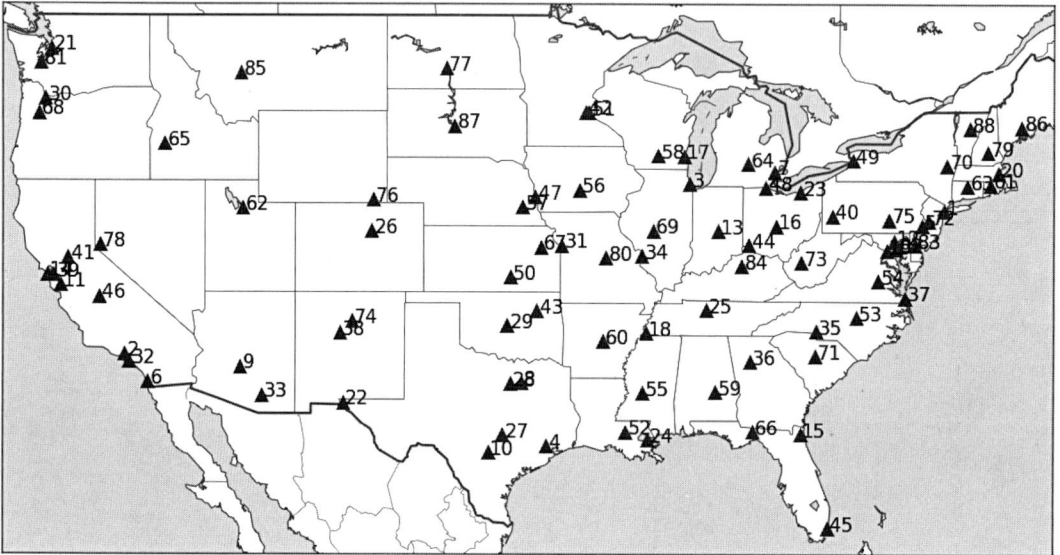

附图2-3　88对点示意图

（4）150对点示意图如附图2-4所示。

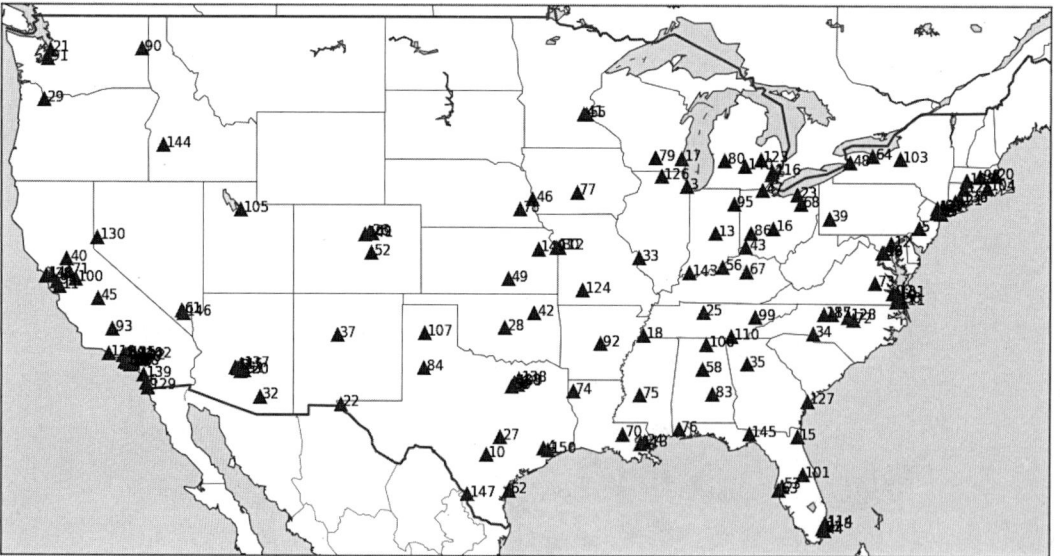

附图2-4　150对点示意图

附录3

考虑到点依赖损坏概率的有限信息可靠性选址模型案例分析 ——原始数据表

（1）15对点数据见附表3-1。

序号	城市名	纬度（N）	经度（W）	人口数	固定建设成本（美元）
1	Sacramento	−121.467	38.567	29760021	67900
2	Albany	−73.799	42.666	17990455	38400
3	Austin	−97.751	30.306	16986510	62200
4	Tallahassee	−84.281	30.457	12937926	77100
5	Harrisburg	−76.885	40.276	11881643	112400
6	Springfield	−89.645	39.781	11430602	96600
7	Columbus	−82.987	39.989	10847115	67900
8	Lansing	−84.554	42.709	9295297	113000
9	Trenton	−74.764	40.223	7730188	61700
10	Raleigh	−78.659	35.822	6628637	67700
11	Atlanta	−84.423	33.763	6478216	123900
12	Richmond	−77.475	37.531	6187358	60800
13	Boston	−71.018	42.336	6016425	60300
14	Indianapolis	−86.146	39.776	5544159	63200
15	Jefferson City	−92.19	38.572	5117073	161400

（2）25对点数据见附表3-2。

序号	城市名	纬度（N）	经度（W）	人口数	固定建设成本（美元）
1	Sacramento	−121.467	38.567	29760021	67900
2	Albany	−73.799	42.666	17990455	38400

序号	城市名	纬度（N）	经度（W）	人口数	固定建设成本（美元）
3	Austin	−97.751	30.306	16986510	62200
4	Tallahassee	−84.281	30.457	12937926	77100
5	Harrisburg	−76.885	40.276	11881643	112400
6	Springfield	−89.645	39.781	11430602	96600
7	Columbus	−82.987	39.989	10847115	67900
8	Lansing	−84.554	42.709	9295297	113000
9	Trenton	−74.764	40.223	7730188	61700
10	Raleigh	−78.659	35.822	6628637	67700
11	Atlanta	−84.423	33.763	6478216	123900
12	Richmond	−77.475	37.531	6187358	60800
13	Boston	−71.018	42.336	6016425	60300
14	Indianapolis	−86.146	39.776	5544159	63200
15	Jefferson City	−92.19	38.572	5117073	161400
16	Madison	−89.388	43.08	4891769	72600
17	Nashville-Davidson	−86.785	36.172	4877185	59200
18	Olympia	−122.894	47.042	4866692	68700
19	Annapolis	−76.503	38.972	4781468	79500
20	St. Paul	−93.104	44.948	4375099	77800
21	Baton Rouge	−91.126	30.449	4219973	64200
22	Montgomery	−86.284	32.354	4040587	79000
23	Frankfort	−84.865	38.191	3685296	48800
24	Phoenix	−112.071	33.543	3665228	133800
25	Columbia	−80.886	34.039	3486703	88700

（3）35对点数据见附表3-3。

35对点　　　　　　　　　　　　　　　　　　　　　　附表3-3

序号	城市名	纬度（N）	经度（W）	人口数	固定建设成本（美元）
1	Sacramento	−121.467	38.567	29760021	67900
2	Albany	−73.799	42.666	17990455	38400

续表

序号	城市名	纬度（N）	经度（W）	人口数	固定建设成本（美元）
3	Austin	−97.751	30.306	16986510	62200
4	Tallahassee	−84.281	30.457	12937926	77100
5	Harrisburg	−76.885	40.276	11881643	112400
6	Springfield	−89.645	39.781	11430602	96600
7	Columbus	−82.987	39.989	10847115	67900
8	Lansing	−84.554	42.709	9295297	113000
9	Trenton	−74.764	40.223	7730188	61700
10	Raleigh	−78.659	35.822	6628637	67700
11	Atlanta	−84.423	33.763	6478216	123900
12	Richmond	−77.475	37.531	6187358	60800
13	Boston	−71.018	42.336	6016425	60300
14	Indianapolis	−86.146	39.776	5544159	63200
15	Jefferson City	−92.19	38.572	5117073	161400
16	Madison	−89.388	43.08	4891769	72600
17	Nashville-Davidson	−86.785	36.172	4877185	59200
18	Olympia	−122.894	47.042	4866692	68700
19	Annapolis	−76.503	38.972	4781468	79500
20	St. Paul	−93.104	44.948	4375099	77800
21	Baton Rouge	−91.126	30.449	4219973	64200
22	Montgomery	−86.284	32.354	4040587	79000
23	Frankfort	−84.865	38.191	3685296	48800
24	Phoenix	−112.071	33.543	3665228	133800
25	Columbia	−80.886	34.039	3486703	88700
26	Denver	−104.873	39.768	3294394	54600
27	Hartford	−72.684	41.766	3287116	66000
28	Oklahoma City	−97.513	35.467	3145585	71200
29	Salem	−123.022	44.925	2842321	94100

续表

序号	城市名	纬度（N）	经度（W）	人口数	固定建设成本（美元）
30	Des Moines	−93.617	41.577	2776755	101800
31	Jackson	−90.208	32.321	2573216	115800
32	Topeka	−95.692	39.038	2477574	48400
33	Little Rock	−92.354	34.722	2350725	72400
34	Charleston	−81.63	38.351	1793477	61500
35	Salt Lake City	−111.93	40.777	1722850	71300

（4）49对点数据见附表3-4。

49对点　　　　　　　　　　　　附表3-4

序号	城市名	纬度（N）	经度（W）	人口数	固定建设成本（美元）
1	Sacramento	−121.467	38.567	29760021	67900
2	Albany	−73.799	42.666	17990455	38400
3	Austin	−97.751	30.306	16986510	62200
4	Tallahassee	−84.281	30.457	12937926	77100
5	Harrisburg	−76.885	40.276	11881643	112400
6	Springfield	−89.645	39.781	11430602	96600
7	Columbus	−82.987	39.989	10847115	67900
8	Lansing	−84.554	42.709	9295297	113000
9	Trenton	−74.764	40.223	7730188	61700
10	Raleigh	−78.659	35.822	6628637	67700
11	Atlanta	−84.423	33.763	6478216	123900
12	Richmond	−77.475	37.531	6187358	60800
13	Boston	−71.018	42.336	6016425	60300
14	Indianapolis	−86.146	39.776	5544159	63200
15	Jefferson City	−92.19	38.572	5117073	161400
16	Madison	−89.388	43.08	4891769	72600
17	Nashville-Davidson	−86.785	36.172	4877185	59200

续表

序号	城市名	纬度（N）	经度（W）	人口数	固定建设成本（美元）
18	Olympia	−122.894	47.042	4866692	68700
19	Annapolis	−76.503	38.972	4781468	79500
20	St. Paul	−93.104	44.948	4375099	77800
21	Baton Rouge	−91.126	30.449	4219973	64200
22	Montgomery	−86.284	32.354	4040587	79000
23	Frankfort	−84.865	38.191	3685296	48800
24	Phoenix	−112.071	33.543	3665228	133800
25	Columbia	−80.886	34.039	3486703	88700
26	Denver	−104.873	39.768	3294394	54600
27	Hartford	−72.684	41.766	3287116	66000
28	Oklahoma City	−97.513	35.467	3145585	71200
29	Salem	−123.022	44.925	2842321	94100
30	Des Moines	−93.617	41.577	2776755	101800
31	Jackson	−90.208	32.321	2573216	115800
32	Topeka	−95.692	39.038	2477574	48400
33	Little Rock	−92.354	34.722	2350725	72400
34	Charleston	−81.63	38.351	1793477	61500
35	Salt Lake City	−111.93	40.777	1722850	71300
36	Lincoln	−96.688	40.816	1578385	99000
37	Santa Fe	−105.954	35.679	1515069	49500
38	Augusta	−69.73	44.331	1227928	67200
39	Carson City	−119.743	39.148	1201833	70900
40	Concord	−71.56	43.232	1109252	59500
41	Boise City	−116.226	43.607	1006749	74400
42	Providence	−71.42	41.822	1003464	54900
43	Helena	−112.02	46.597	799065	75200

续表

序号	城市名	纬度（N）	经度（W）	人口数	固定建设成本（美元）
44	Pierre	−100.322	44.373	696004	66600
45	Dover	−75.517	39.159	666168	61500
46	Bismarck	−100.767	46.805	638800	66100
47	Washington	−77.016	38.905	606900	138500
48	Montpelier	−72.572	44.266	562758	72600
49	Cheyenne	−104.792	41.145	453588	99300

参考文献

[1] Weber A. Über Den Standort Der Industrien[M]. Tübingen, 1909.

[2] Hakimi S L. Optimum Locations of Switching Centers and the Absolute Centers and Medians of a Graph[J]. Operations Research, 1964, 12(3): 450−459.

[3] Hakimi S L. Optimum Distribution of Switching Centers in a Communication Network and Some Related Graph Theoretic Problems[J]. Operations Research, 1965, 13(3): 462−475.

[4] Daskin M S. Network and Discrete Location: Models, Algorithms, and Applications[M]. New York: Wiley, 1995.

[5] Drezner Z. Facility Location: A Survey of Applications and Methods[M]. New York: Springer, 1995.

[6] Revelle C S, Swain R W. Central Facilities Location[J]. Geographical Analysis, 1970, 2(1): 30−42.

[7] Berlin G N, Revelle C S, Elzinga D J. Determining ambulance−hospital locations for on−scene and hospital services[J]. Environment & Planning A, 1976, 8(5): 553−561.

[8] Hakimi S L. p−Median theorems for competitive locations[J]. Annals of Operations Research, 1986, 6(4): 75−98.

[9] Church R L. The Regionally Constrained p−Median Problem[J]. Geographical Analysis, 1990, 22(1): 22−32.

[10] Canos M J, Ivorra C, Liern V. An exact algorithm for the fuzzy p−median problem[J]. European Journal of Operational Research, 1999, 116(1): 80−86.

[11] Canos M J, Ivorra C, Liern V. The fuzzy p−median problem: A global analysis of the solutions[J]. European Journal of Operational Research, 2001, 130(2): 430−436.

[12] Sasaki M, Suzuki A, Drezner Z. On the selection of hub airports for an airline hub−and−spoke system[J]. Computers & Operations Research, 1999, 26(14): 1411−1422.

[13] Ghiani G, Guerriero F, Musmanno R. The capacitated plant location problem with multiple facilities in the same site[J]. Computers & Operations Research, 2002, 29(13): 1903−1912.

[14] Wang Q, Batta R, Bhadury J, Rump C M. Budget constrained location problem with opening and closing of facilities[J]. Computers & Operations Research, 2003, 30(13): 2047−2069.

[15] Perez J A M, Vega J M M, Verdegay J L. Fuzzy location problems on networks[J]. Fuzzy Sets and Systems, 2004, 142(3): 393−405.

[16] Berry J, Hart W E, Phillips C A, Uber J G, et al. Sensor placement in municipal water networks with temporal integer programming models[J]. Journal of Water Resources Planning and Management−Asce, 2006, 132(4): 218−224.

[17] Jia H Z, Ordonez F, Dessouky M. A modeling framework for facility location of medical services for large−scale emergencies[J]. Iie Transactions, 2007, 39(1): 41−55.

[18] Berman O, Drezner Z. The p−median problem under uncertainty[J]. European Journal of Operational Research, 2008, 189(1): 19−30.

[19] Tadei R, Ricciardi N, Perboli G. The stochastic p−median problem with unknown cost probability distribution[J]. Operations Research Letters, 2009, 37(2): 135−141.

[20] Elloumi S. A tighter formulation of the

p-median problem[J]. Journal of Combinatorial Optimization, 2010, 19(1): 69-83.

[21] Berman O, Wang J M. The network p-median problem with discrete probabilistic demand weights[J]. Computers & Operations Research, 2010, 37(8): 1455-1463.

[22] Nikoofal M E, Sadjadi S J. A robust optimization model for p-median problem with uncertain edge lengths[J]. International Journal of Advanced Manufacturing Technology, 2010, 50(1-4): 391-397.

[23] Drezner Z. Heuristic Solution Methods for Two Location Problems with Unreliable Facilities[J]. Journal of the Operational Research Society, 1987, 38(6): 509-514.

[24] Snyder L V, Daskin M S. Reliability models for facility location: the expected failure cost case[J]. Transportation Science, 2005, 39(3): 400-416.

[25] Berman O, Krass D, Menezes M B C. Facility reliability issues in network p-median problems: Strategic centralization and co-location effects [J]. Operations Research, 2007, 55(2): 332-350.

[26] Berman O, Krass D, Menezes M B. Locating Facilities in the Presence of Disruptions and Incomplete Information[J]. Decision Sciences, 2009, 40(4): 845-868.

[27] Li Q W, Zeng B, Savachkin A. Reliable facility location design under disruptions[J]. Computers & Operations Research, 2013, 40(4): 901-909.

[28] Berman O, Krass D, Menezes M B C. Location and reliability problems on a line: Impact of objectives and correlated failures on optimal location patterns[J]. Omega-International Journal of Management Science, 2013, 41(4): 766-779.

[29] An Y, Zeng B, Zhang Y, Zhao L. Reliable p-median facility location problem: two-stage robust models and algorithms[J]. Transportation Research Part B-Methodological, 2014, 64: 54-72.

[30] Albareda-Sambola M, Hinojosa Y, Puerto J. The reliable p-median problem with at-facility service[J]. European Journal of Operational Research, 2015, 245(3): 656-666.

[31] Garey M R, Johnson D S. Computers and Intractability: A Guide to the Theory of NP-Completeness[M]. W. H. Freeman, 1979.

[32] Rolland E, Schilling D A, Current J R. An efficient tabu search procedure for the p-Median Problem[J]. European Journal of Operational Research, 1997, 96(2): 329-342.

[33] Hribar M, Daskin M S. A dynamic programming heuristic for the P-median problem[J]. European Journal of Operational Research, 1997, 101(3): 499-508.

[34] Lee S D. On solving unreliable planar location problems[J]. Computers & Operations Research, 2001, 28(4): 329-344.

[35] Baldacci R, Hadjiconstantinou E, Maniezzo V, Mingozzi A. A new method for solving capacitated location problems based on a set partitioning approach[J]. Computers & Operations Research, 2002, 29(4): 365-386.

[36] Alp O, Erkut E, Drezner Z. An efficient genetic algorithm for the p-median problem[J]. Annals of Operations Research, 2003, 122(1-4): 21-42.

[37] Resende M G C, Werneck R F. A hybrid heuristic for the p-median problem[J]. Journal of Heuristics, 2004, 10(1): 59-88.

[38] Resende M G C, Werneck R F. A hybrid multistart heuristic for the uncapacitated facility location problem[J]. European Journal of Operational Research, 2006, 174(1): 54-68.

[39] Lorena L A N, Senne E L F. A column generation approach to capacitated p-median problems[J]. Computers & Operations Research, 2004, 31(6): 863-876.

[40] Li X, Xiao N C, Claramunt C, Lin H. Initialization strategies to enhancing the performance of genetic algorithms for the p-median problem[J]. Computers & Industrial Engineering, 2011, 61(4): 1024-1034.

[41] Avella P, Boccia M, Salerno S, Vasilyev I. An aggregation heuristic for large scale p-median problem[J]. Computers & Operations Research, 2012, 39(7): 1625-1632.

[42] Brimberg J, Drezner Z. A new heuristic for solving the p-median problem in the plane[J]. Computers & Operations Research, 2013, 40(1): 427-437.

[43] Drezner Z, Brimberg J, Mladenovic N, Salhi S. New heuristic algorithms for solving the planar p-median problem[J]. Computers & Operations Research, 2015, 62: 296-304.

[44] Garfinkel R S, Neebe A W, Rao M R. The m-center problem: minimax facility location[J]. Management Science, 1977, 23(10): 1133-1142.

[45] Revelle C, Hogan K. The maximum reliability location problem and α-reliablep-center problem: Derivatives of the probabilistic location set covering problem[J]. Annals of Operations Research, 1989, 18(1): 155-173.

[46] Hochbaum D S, Pathria A. Generalized p-Center problems: Complexity results and approximation algorithms[J]. European Journal of Operational Research, 1997, 100(3): 594-607.

[47] Bhatia R, Guha S, Khuller S, Sussmann Y J. Facility location with dynamic distance functions[J]. Journal of Combinatorial Optimization, 1998, 2(3): 199-217.

[48] Khuller S, Sussmann Y J. The capacitated K-center problem[J]. Siam Journal on Discrete Mathematics, 2000, 13(3): 403-418.

[49] Tamir A. The k-centrum multi-facility location problem[J]. Discrete Applied Mathematics, 2001, 109(3): 293-307.

[50] Burkard R E, Dollahi H. Center problems with pos/neg weights on trees[J]. European Journal of Operational Research, 2003, 145(3): 483-495.

[51] Elloumi S, Labbe M, Pochet Y. A new formulation and resolution method for the p-center problem[J]. Informs Journal on Computing, 2004, 16(1): 84-94.

[52] Lim A, Rodrigues B, Wang F, Xu Z. k-Center problems with minimum coverage[J]. Theoretical Computer Science, 2005, 332(1-3): 1-17.

[53] Berman O, Drezner Z. A new formulation for the conditional p-median and p-center problems[J]. Operations Research Letters, 2008, 36(4): 481-483.

[54] Contreras I, Fernandez E, Reinelt G. Minimizing the maximum travel time in a combined model of facility location and network design[J]. Omega-International Journal of Management Science, 2012, 40(6): 847-860.

[55] Lu C C, Sheu J B. Robust vertex p-center model for locating urgent relief distribution centers[J]. Computers & Operations Research, 2013, 40(8): 2128-2137.

[56] Lu C C. Robust weighted vertex p-center model considering uncertain data: An application to emergency management[J]. European Journal of Operational Research, 2013, 230(1): 113-121.

[57] Calik H, Tansel B C. Double bound method for solving the p-center location problem[J]. Computers & Operations Research, 2013, 40(12): 2991-2999.

[58] Martinez-Merino L I, Albareda-Sambola M, Rodriguez-Chia A M. The probabilistic p-center problem: Planning service for potential customers[J]. European Journal of Operational Research, 2017, 262(2): 509-520.

[59] Huang R B, Kim S, Menezes M B C. Facility location for large-scale emergencies[J]. Annals of Operations Research, 2010, 181(1): 271-286.

[60] Albareda-Sambola M, Hinojosa Y, Marin A, Puerto J. When centers can fail: A close second opportunity[J]. Computers & Operations Research, 2015, 62: 145-156.

[61] Espejo I, Marin A, Rodriguez-Chia A M. Capacitated p-center problem with failure foresight[J]. European Journal of Operational Research, 2015, 247(1): 229-244.

[62] Kariv O, Hakimi S L. An Algorithmic Approach to Network Location Problems. I: The p-Centers[J]. Siam Journal on Applied Mathematics, 1979, 37(3): 513-538.

[63] Bespamyatnikh S, Bhattacharya B, Keil M, Kirkpatrick D, et al. Efficient algorithms for centers and medians in interval and circular-arc graphs[J]. Networks, 2002, 39(3): 144-152.

[64] Mladenovic N, Labbe M, Hansen P. Solving the p-center problem with Tabu Search and Variable Neighborhood Search[J]. Networks, 2003, 42(1): 48-64.

[65] Caruso C, Colorni A, Aloi L. Dominant, an algorithm for the p-center problem[J]. European Journal of Operational Research, 2003, 149(1): 53-64.

[66] Scaparra M P, Pallottino S, Scutella M G. Large-scale local search heuristics for the capacitated vertex p-center problem[J]. Networks, 2004, 43(4): 241-255.

[67] Pacheco J A, Casado S. Solving two location models with few facilities by using a hybrid heuristic: a real health resources case[J]. Computers & Operations Research, 2005, 32(12): 3075-3091.

[68] Ozsoy F A, Pinar M C. An exact algorithm for the capacitated vertex p-center problem[J]. Computers & Operations Research, 2006, 33(5): 1420-1436.

[69] Cheng T C E, Kang L Y, Ng C T. An improved algorithm for the p-center problem on interval graphs with unit lengths[J]. Computers & Operations Research, 2007, 34(8): 2215-2222.

[70] Pullan W. A memetic genetic algorithm for the vertex p-center problem[J]. Evolutionary Computation, 2008, 16(3): 417-436.

[71] Chen D, Chen R. New relaxation-based algorithms for the optimal solution of the continuous and discrete p-center problems[J]. Computers & Operations Research, 2009, 36(5): 1646-1655.

[72] Chen D, Chen R. A relaxation-based algorithm for solving the conditional p-center problem[J]. Operations Research Letters, 2010, 38(3): 215-217.

[73] Suzuki A, Drezner Z. The minimum equitable radius location problem with continuous demand[J]. European Journal of Operational Research, 2009, 195(1): 17-30.

[74] Davoodi M, Mohades A, Rezaei J. Solving the constrained p-center problem using heuristic algorithms[J]. Applied Soft Computing, 2011, 11(4): 3321-3328.

[75] Kaveh A, Nasr H. Solving the conditional and unconditional p-center problem with modified harmony search: A real case study[J]. Scientia Iranica, 2011, 18(4): 867-877.

[76] Elshaikh A, Salhi S, Nagy G. The continuous p-centre problem: An investigation into variable neighbourhood search with memory[J]. European Journal of Operational Research, 2015, 241(3): 606-621.

[77] Elshaikh A, Salhi S, Brimberg J, Mladenovic N, et

al. An adaptive perturbation-based heuristic: An application to the continuous p-centre problem[J]. Computers & Operations Research, 2016, 75: 1-11.

[78] Mangla M, Garg D. Rapidly converging solution for p-centers in nonconvex regions[J]. Turkish Journal of Electrical Engineering and Computer Sciences, 2017, 25(3): 2424-2433.

[79] Toregas C, Swain R, Revelle C, Bergman L. The Location of Emergency Service Facilities[J]. Operations Research, 1971, 19(6): 1363-1373.

[80] Vasko F J, Wilson G R. Hybrid heuristics for minimum cardinality set covering problems[J]. Naval Research Logistics Quarterly, 1986, 33(2): 241-249.

[81] Bazaraa M S, Goode J J. A Cutting-Plane Algorithm for the Quadratic Set-Covering Problem[J]. Operations Research, 1975, 23(1): 150-158.

[82] Current J R, Storbeck J E. Capacitated covering models[J]. Environment & Planning B Planning & Design, 1988, 15(2): 153-163.

[83] Gendreau M, Laporte G, Semet F. The Covering Tour Problem[J]. Operations Research, 1997, 45(4): 568-576.

[84] Boffey B, Narula S C. Models for multi-path covering-routing problems[J]. Annals of Operations Research, 1998, 82: 331-342.

[85] Beraldi P, Ruszczynski A. The probabilistic set-covering problem[J]. Operations Research, 2002, 50(6): 956-967.

[86] Saxena A, Goyal V, Lejeune M A. MIP reformulations of the probabilistic set covering problem[J]. Mathematical Programming, 2010, 121(1): 1-31.

[87] Hwang H S. Design of supply-chain logistics system considering service level[J]. Computers & Industrial Engineering, 2002, 43(1-2): 283-297.

[88] Baron O, Berman O, Kim S, Krass D. Ensuring feasibility in location problems with stochastic demands and congestion[J]. Iie Transactions, 2009, 41(5): 467-481.

[89] Hwang M J, Chiang C I, Liu Y H. Solving a fuzzy set-covering problem[J]. Mathematical and Computer Modelling, 2004, 40(7-8): 861-865.

[90] Murray A T, Tong D Q, Kim K. Enhancing Classic Coverage Location Models[J]. International Regional Science Review, 2010, 33(2): 115-133.

[91] Church R, Revelle C. The maximal covering location problem[J]. Papers of the Regional Science Association, 1974, 32(1): 101-118.

[92] Revelle C, Hogan K. The Maximum Availability Location Problem[J]. Transportation Science, 1989, 23(3): 192-200.

[93] Current J R, Schilling D A. The median tour and maximal covering tour problems: Formulations and heuristics[J]. European Journal of Operational Research, 1994, 73(94): 114-126.

[94] Berman O, Krass D. The generalized maximal covering location problem[J]. Computers & Operations Research, 2002, 29(6): 563-581.

[95] Berman O, Krass D, Drezner Z. The gradual covering decay location problem on a network[J]. European Journal of Operational Research, 2003, 151(3): 474-480.

[96] Drezner Z, Wesolowsky G O, Drezner T. The gradual covering problem[J]. Naval Research Logistics, 2004, 51(6): 841-855.

[97] Berman O, Wang J M. The minmax regret gradual covering location problem on a network with incomplete information of demand weights[J]. European Journal of Operational Research, 2011, 208(3): 233-238.

[98] Alexandris G, Giannikos I. A new model for maximal coverage exploiting GIS capabilities[J].

European Journal of Operational Research, 2010, 202(2): 328-338.

[99] Drezner Z, Suzuki A. Covering continuous demand in the plane[J]. Journal of the Operational Research Society, 2010, 61(5): 878-881.

[100] Oztekin A, Pajouh F M, Delen D, Swim L K. An RFID network design methodology for asset tracking in healthcare[J]. Decision Support Systems, 2010, 49(1): 100-109.

[101] O'Hanley J R, Church R L. Designing robust coverage networks to hedge against worst-case facility losses[J]. European Journal of Operational Research, 2011, 209(1): 23-36.

[102] Moon I D, Chaudhry S S. An Analysis of Network Location Problems with Distance Constraints[J]. Management Science, 1984, 30(3): 290-307.

[103] Campbell J F. Integer programming formulations of discrete hub location problems[J]. European Journal of Operational Research, 1994, 72(2): 387-405.

[104] Ohsawa Y, Tamura K. Efficient location for a semi-obnoxious facility[J]. Annals of Operations Research, 2003, 123(1-4): 173-188.

[105] Berman O, Huang R. The minimum weighted covering location problem with distance constraints[J]. Computers & Operations Research, 2008, 35(2): 356-372.

[106] Berman O, Drezner Z, Krass D. Cooperative cover location problems: The planar case[J]. Iie Transactions, 2010, 42(3): 232-246.

[107] Church R L, Scaparra M P, Middleton R S. Identifying Critical Infrastructure: The Median and Covering Facility Interdiction Problems[J]. Annals of the Association of American Geographers, 2004, 94(3): 491-502.

[108] Berman O, Drezner T, Drezner Z, Wesolowsky G O. A defensive maximal covering problem on a network[J]. International Transactions in Operational Research, 2009, 16(1): 69-86.

[109] Nozick L K, Turnquist M A. Integrating inventory impacts into a fixed-charge model for locating distribution centers[J]. Transportation Research Part E-Logistics and Transportation Review, 1998, 34(3): 173-186.

[110] Gourdin E, Labbe M, Laporte G. The uncapacitated facility location problem with client matching[J]. Operations Research, 2000, 48(5): 671-685.

[111] Wagner M R, Bhadury J, Peng S. Risk management in uncapacitated facility location models with random demands[J]. Computers & Operations Research, 2009, 36(4): 1002-1011.

[112] Cruz-Rivera R, Ertel J. Reverse logistics network design for the collection of End-of-Life Vehicles in Mexico[J]. European Journal of Operational Research, 2009, 196(3): 930-939.

[113] Ghaderi A, Jabalameli M S. Modeling the budget-constrained dynamic uncapacitated facility location-network design problem and solving it via two efficient heuristics: A case study of health care[J]. Mathematical and Computer Modelling, 2013, 57(3-4): 382-400.

[114] Kratica J, Dugosija D, Savic A. A new mixed integer linear programming model for the multi level uncapacitated facility location problem[J]. Applied Mathematical Modelling, 2014, 38(7-8): 2118-2129.

[115] Huang X X, Di H. Modelling uncapacitated facility location problem with uncertain customers' positions[J]. Journal of Intelligent & Fuzzy Systems, 2015, 28(6): 2569-2577.

[116] Cui T, Ouyang Y, Shen Z-J M. Reliable facility location design under the risk of disruptions[J].

Operations Research, 2010, 58(4-part-1): 998-1011.

[117] Li X, Ouyang Y. A continuum approximation approach to reliable facility location design under correlated probabilistic disruptions[J]. Transportation Research Part B: Methodological, 2010, 44(4): 535-548.

[118] Li X, Ouyang Y, Peng F. A Supporting Station Model for Reliable Infrastructure Location Design under Interdependent Disruptions [J]. Transportation Research Part E, 2013, 60(4): 80-93.

[119] Xie S, Li X, Ouyang Y. Decomposition of general facility disruption correlations via augmentation of virtual supporting stations[J]. Transportation Research Part B, 2015, 80: 64-81.

[120] Yun L, Qin Y, Fan H, Ji C, et al. A reliability model for facility location design under imperfect information[J]. Transportation Research Part B: Methodological, 2015, 81: 596-615.

[121] Melkote S, Daskin M S. Capacitated facility location/network design problems[J]. European Journal of Operational Research, 2001, 129(3): 481-495.

[122] Melo M T, Nickel S, da Gama F S. Dynamic multi-commodity capacitated facility location: a mathematical modeling framework for strategic supply chain planning[J]. Computers & Operations Research, 2006, 33(1): 181-208.

[123] Wu L Y, Zhang X S, Zhang J L. Capacitated facility location problem with general setup cost[J]. Computers & Operations Research, 2006, 33(5): 1226-1241.

[124] Ozsen L, Coullard C R, Daskin M S. Capacitated warehouse location model with risk pooling[J]. Naval Research Logistics, 2008, 55(4): 295-312.

[125] Mousavi S M, Niaki S T A. Capacitated location allocation problem with stochastic location and fuzzy demand: A hybrid algorithm[J]. Applied Mathematical Modelling, 2013, 37(7): 5109-5119.

[126] Zhou Y, Ma Z, Wang K. Reliability Capacitated Fixed-charge Location Problem[J]. Operations Research and Management Science, 2015, 24(3): 6-13.

[127] Jaramillo J H, Bhadury J, Batta R. On the use of genetic algorithms to solve location problems[J]. Computers & Operations Research, 2002, 29(6): 761-779.

[128] Chudak F A, Shmoys D B. Improved approximation algorithms for the uncapacitated facility location problem[J]. Siam Journal on Computing, 2003, 33(1): 1-25.

[129] Ghosh D. Neighborhood search heuristics for the uncapacitated facility location problem[J]. European Journal of Operational Research, 2003, 150(1): 150-162.

[130] Mahdian M, Ye Y Y, Zhang J W. Approximation algorithms for metric facility location problems[J]. Siam Journal on Computing, 2006, 36(2): 411-432.

[131] Yu V F, Lin S W, Lee W, Ting C J. A simulated annealing heuristic for the capacitated location routing problem[J]. Computers & Industrial Engineering, 2010, 58(2): 288-299.

[132] Aboolian R, Cui T T, Shen Z J M. An Efficient Approach for Solving Reliable Facility Location Models[J]. Informs Journal on Computing, 2013, 25(4): 720-729.

[133] Kim C, Choi G, Ko S S. Dynamic Mean Value Cross Decomposition Algorithm for Capacitated Facility Location Problems[J]. Informatica, 2013, 24(4): 523-542.

[134] An B, Cheng P. An algorithm for a class of uncapacitated facility location problem based on branch-and-cut method[J]. Operations Research Transaction, 2015,19(4): 1-13.

[135] 王非，徐渝，李毅学. 离散设施选址问题研究综述[J]. 运筹与管理，2006,15(5):64−69.

[136] 陆琳琳，张仁颐. 物流中心选址的一种综合方法[J]. 工业工程与管理，2003(6):59−61.

[137] 马丽娟. 物流中心选址问题的数学方法研究[J]. 物流技术，2004(5):74−75.

[138] 杨萍，刘卫东. 一种考虑不确定性信息的专家综合评价方法[J]. 控制与决策，2002(3):236−238.

[139] 汪波. 基于指标满意度求解的物流中心选址方法[J]. 交通科技，2004(1):70−72.

[140] 傅新平，邹王君. 层次分析法在物流中心选址中的应用[J]. 世界海运，2002(8):23−24.

[141] 张敏，杨超，杨珺. 基于AHP/DEA的物流中心选址问题研究[J]. 管理学报，2005,2(6):641.

[142] 李延晖，吴建林，郭昊. 电子商务环境下考虑退货的选址库存问题模型与算法[J]. 运筹与管理，2018(1):63−73.

[143] 王非，张佳，孙浩杰，等. 配送中心选址-库存问题的粒子群算法应用[J]. 公路交通科技，2011,28(12):152−158.

[144] 王志刚，王明刚，尚旭东. 基于人工蜂群算法的配送中心选址问题求解[J]. 数学的实践与认知，2014,44(17):170−178.

[145] 张鹏，徐廷学，王鑫，等. 基于AHP的舰船器材仓库选址方法研究[J]. 舰船电子工程，2013,33(12):120−122.

[146] 李敏强，寇纪淞，林丹，等. 遗传算法的基本理论与应用[M]. 北京：科学出版社，2002.

[147] 田欣. 混合交叉策略遗传算法及其应用研究[D]. 保定：华北电力大学,2009.

[148] 邹贵祥，张飞舟. 针对选址问题的一种遗传算法改进探究[J]. 计算机工程与科学，2018,40(4):712−722.

[149] Snyder L V. Supply chain robustness and reliability: Models and algorithms[D]. Northwestern University, 2003.

[150] M Queyranne, M Sviridenko. New and improved algorithms for minsum shop scheduling[J]. Eleventh Acm−siam Symposium on Discrete Algorithms, 2000.

[151] Bollapragada R, Camm J, Rao U S, Wu J. A two−phase greedy algorithm to locate and allocate hubs for fixed−wireless broadband access[J]. Operations Research Letters, 2005, 33(2): 134−142.

[152] Colorni A, Dorigo M, Maniezzo V. Distributed optimization by ant colonies[C]. Proceedings of the first European conference on artificial life, Paris, France, 1991, 142: 134−142.

[153] Metropolis N, Rosenbluth A W, Rosenbluth M N, Teller A H, et al. Equation of state calculations by fast computing machines[J]. The Journal of Chemical Physics, 1953, 21(6): 1087−1092.

[154] Glover F, McMillan C, Novick B. Interactive decision software and computer graphics for architectural and space planning[J]. Annals of Operations Research, 1985, 5(3): 557−573.

[155] Glover F. Tabu search−part I[J]. ORSA Journal on Computing, 1989, 1(3): 190−206.

[156] Glover F. Tabu search—part II[J]. ORSA Journal on Computing, 1990, 2(1): 4−32.

[157] Geoffrion A M. Lagrangean relaxation for integer programming[M]. Springer, 1974.

[158] Fisher M L. The Lagrangian Relaxation Method for Solving Integer Programming Problems[J]. Management Science, 1981, 27: 1−18.

[159] Qureshi M A, Hwang H−L, Chin S−M. Comparison of distance estimates for commodity flow survey: Great circle distances versus network−based distances[J]. Transportation Research Record: Journal of the Transportation Research Board, 2002, 1804(1): 212−216.